ESPAÑOL CON FINES ESPECÍFICOS

EMPRESA SIGLO XXI

El español en el ámbito profesional

Autores:
Emilio Iriarte Romero
Emilia Núñez Pérez

Coordinador:
Ángel Felices Lago

© Editorial Edinumen
© **Autores: Emilio Iriarte Romero, Emilia Núñez Pérez. Coordinador: Ángel Felices Lago**

Editorial Edinumen, 2009
José Celestino Mutis, 4
28028 - Madrid
Tlf.: 91 308 51 42
Fax: 91 319 93 09
e-mail: edinumen@edinumen.es
www.edinumen.es

ISBN: 978-84-9848-041-2
Depósito Legal: M-21202-2015

1.ª edición: 2009
2.ª impresión: 2015

Diseño y maquetación: Antonio Arias y Pilar Lázaro
Edición: Sonia Eusebio
Fotografías: Archivo Edinumen
Imprime: Glodami. Coslada (Madrid)

ÍNDICE

UNIDAD 1	Los tipos de sociedades	
1. Competencia pragmática	**1.1. Competencia discursiva** • Cartas de negocios	
2. Competencia lingüística	**2.1. Competencia léxica** • Léxico relacionado con el mundo empresarial	
3. Competencia sociolingüística	**3.1. Registros** • La jerga o el lenguaje de los profesionales	
4. Competencia sociocultural	**4.1. Competencia cultural** • Los tipos de sociedades en España • Clasificación de la empresa **4.2. Comprensión auditiva** • En una conferencia	
5. Competencia intercultural	**5.1.** Los choques culturales en la empresa	

UNIDAD 2	Creación de una empresa	
1. Competencia pragmática	**1.1. Competencia discursiva** • Interpretación de gráficos • Tipos de gráficos	
2. Competencia lingüística	**2.1. Competencia léxica** • Tipos de organigramas	
3. Competencia sociolingüística	**3.1. Registros** • Los departamentos y sus funciones • Los cargos empresariales y sus funciones	
4. Competencia sociocultural	**4.1. Competencia cultural** • Pasos para la creación de una empresa **4.2. Comprensión auditiva** • En la ventanilla del Registro	
5. Competencia intercultural	**5.1.** Conocer diferentes aspectos de la Economía española	

Introducción

En este manual se pretende desarrollar las competencias generales y las competencias comunicativas de la lengua tal y como quedan reflejadas en el actual Marco Común Europeo de Referencia (en adelante MCER) y teniendo en cuenta todas las subcompetencias que las integran. Por esta razón, hemos dividido cada unidad didáctica en un total de cinco secciones que a su vez, en algunos casos, se dividen en otras subáreas.

Estas cinco secciones están clasificadas según la tipología de competencias que deseemos desarrollar y en general se opera con la competencia lingüística, la competencia sociocultural, la competencia sociolingüística, la competencia pragmática y la competencia intercultural.

Tomando también como base el MCER hemos tenido en cuenta que la realización de las distintas actividades de la lengua se refleje en la práctica de las destrezas de expresión y compresión, es decir, expresión oral y escrita y comprensión lectora y auditiva junto con las de mediación e interacción a lo largo de todas y cada una de las ocho unidades que componen el libro.

Este texto está dirigido a estudiantes que desean ampliar conocimientos y desarrollar destrezas en el ámbito profesional. La metodología utilizada es ecléctica pues aúna diferentes métodos y enfoques de enseñanza con las bases que se establecen en el Marco Común Europeo de Referencia para las lenguas en los niveles B2 y C1. También puede ayudar a preparar diversos capítulos de los exámenes organizados por la Cámara de Comercio e Industria de Madrid para la obtención del Certificado Superior y/o Diploma de Español de los Negocios.

En este manual no está contemplada de manera explícita la gramática ya que se supone que un estudiante de los niveles B2 - C1 está capacitado para hacer uso de las estrategias comunicativas necesarias para desarrollar con éxito las actividades que se ofrecen en el manual. En dichas actividades se busca la práctica: corrección y fluidez de los contenidos gramaticales que conoce; en cualquier caso, será el profesor el que determine si necesita reforzar las actividades con explicaciones gramaticales. De la misma manera dejamos abierta el área de dinámica de grupos pues creemos que debe ser el propio docente el que determine cuál es el modo de proceder en clase a la hora de realizar las actividades teniendo en cuenta las peculiaridades propias de cada grupo.

Cada sección que compone este manual se divide en las siguientes competencias:

▶ **Sección 1.- Competencia pragmática.**

1.1.- Competencia discursiva. Esta sección está orientada a dotar al usuario de la capacidad de estructurar y controlar los diferentes tipos de discurso que se dan en el área de la correspondencia comercial en función de la coherencia, la cohesión, la ordenación lógica, el estilo, el registro, la eficacia retórica y la organización del texto.

▶ **Sección 2.- Competencia lingüística.**

2.1.- Competencia léxica. En esta sección se pretende proporcionar al usuario el conocimiento amplio del vocabulario y la capacidad de usarlo a través de fórmulas fijas, modismos y frases hechas, debiendo manifestar un buen dominio del léxico en situaciones formales e informales de negociación o en los temas pertinentes relacionados con el ámbito profesional.

▶ **Sección 3.- Competencia sociolingüística.**

3.1.- Registros. Se pretende dotar al usuario del conocimiento y las destrezas necesarias para abordar la dimensión social del uso de la lengua por medio de la adquisición de elementos tales como los marcadores lingüísticos de relaciones sociales, las normas de cortesía, las expresiones de la sabiduría popular y las diferencias de registro para que el usuario se exprese con convicción y claridad en un registro formal e informal que sea adecuado a la situación.

▶ **Sección 4.- Competencia sociocultural.**

4.1.- Competencia cultural. Está dirigida a dotar al usuario del conocimiento de la cultura corporativa meta para desarrollar la habilidad de desenvolverse adecuadamente en diferentes situaciones del ámbito profesional español.

4.2.- Comprensión auditiva. En esta sección el alumno se enfrenta a textos relacionados con el ámbito profesional en los que deberá comprender con detalle información concreta de varias áreas del mundo empresarial.

▶ **Sección 5.- Competencia intercultural.**

5.1.- Se pretende dotar al usuario de la capacidad de relacionar entre sí la cultura de origen y la extranjera para poder adquirir el papel de mediador entre la cultura corporativa del propio país y la cultura corporativa meta. Se entrenará al usuario para superar relaciones estereotipadas, malentendidos y situaciones conflictivas a través de mecanismos que sirvan para desarrollar la sensibilidad cultural, utilizando una gran variedad de estrategias que le permitan establecer contactos con personas que proceden de diferentes culturas corporativas.

Bienvenidos/as a la aventura. Abróchense los cinturones, que el avión despegará en cinco minutos. La tripulación les desea un feliz viaje y les agradece que hayan elegido viajar con nosotros. ¡Muchas gracias!

Mientras despegamos... un aperitivo.

Algunos piensan que a los hispanohablantes se nos ha acabado la capacidad creativa y no nos vemos capaces de crear nuevas palabras o neologismos, por lo tanto hemos tenido que utilizar recursos de otras lenguas para poder referirnos a nuevos conceptos que van apareciendo en el campo de la Economía.

Aunque pueda resultar difícil de imaginar, hubo un tiempo en el que esta lengua tuvo muchos procedimientos de creación de nuevas palabras. En caso de que tu curiosidad sea muy grande, te damos a conocer cuáles eran esos mecanismos y en qué consistían.

PROCESO DE FORMACIÓN	CATEGORÍA GRAMATICAL	EJEMPLOS
Verbo + Nombre	Sustantivo	quitanieves, paraguas, abrelatas, quitamanchas
Nombre + Nombre	Sustantivo	aguardiente, pasodoble, compraventa, fotocopiadora
Adjetivo + Nombre	Sustantivo	minifalda, mediodía
Preposición + Nombre	Sustantivo	contraorden, entreacto
Adjetivo + Adjetivo	Adjetivo	agridulce, claroscuro
Verbo	Sustantivo	tenedor, pagaré, librador, recibo, factura, impresora
Adverbio + Verbo	Sustantivo o Verbo	bienestar, malestar, maltratar
Verbo + Adverbio	Sustantivo	mandamás
Prefijo + Nombre	Sustantivo	pluriempleo, subcontrato
Nombre + Adjetivo	Sustantivo	bancarrota

Te podríamos dar más fórmulas pero creemos que estas son suficientes para cumplir nuestro objetivo.
¿En qué consiste nuestra misión? Pues en echarles una mano a los hispanohablantes para que no tengan que liarse cuando hablan y chapurrear palabras ininteligibles que nadie entiende. ¡Si Cervantes levantara la cabeza...!
A continuación te damos algunos de los conceptos provenientes de otras lenguas que se han infiltrado en el español. Os damos el concepto y su definición. En grupos intentad crear un nuevo concepto teniendo en cuenta las reglas de formación que os hemos dado anteriormente. En nombre de todos los hispanohablantes, muchas gracias.

CONCEPTO	DEFINICIÓN	EN ESPAÑOL...
Leasing	Se realiza cuando las empresas financian sus bienes de equipo, vehículos, locales, etc. por medio de un arrendamiento que hace una empresa que da la opción a la compra de dichos bienes.	
Outsourcing	Tendencia de las grandes empresas a contratar con terceros los servicios que precisan en las áreas de informática, vigilancia, seguridad, etc.	
Benchmarking	Práctica de administración de empresas que toma como modelo a la que considera líder en su actividad. Sirve para mejorar sistemas productivos, logísticos, comerciales, etc.	
Bear	Palabra que designa una situación o expectativa bajista en los mercados financieros.	
Bid price	Precio al que se está dispuesto a comprar un bien, haciéndole una oferta al potencial vendedor.	
Bull	Palabra que designa una situación o expectativa alcista en los mercados financieros.	
Butoir	Consiste en la jerarquización de las relaciones comerciales aplicable en los mercados exteriores de los Estados miembros de la comunidad europea.	
Charter	Sistema por el cual una empresa contrata con una compañía de transporte un vehículo para un viaje.	
Confirming	Operación según la cual una empresa designa como mandatario de pagos un banco para que este comunique al proveedor que en cierta fecha le será pagada una cierta cantidad.	
Evergreen	Crédito sin vencimiento determinado.	
Forward	Contratos de compraventa en los que se establece el precio que se pagará en una fecha futura.	
Gaijin	Los inversores y bancos extranjeros que operan en Japón.	
Hedge fund	Se refiere a la actividad de invertir con un alto nivel de riesgo.	
Holding	Conjunto de empresas que forman un grupo organizado en torno a una que controla a las demás por sus inversiones en ellas.	
Input	Es la cantidad de energía, producto o servicio que se incorpora a un determinado proceso de producción.	

CONCEPTO	DEFINICIÓN	EN ESPAÑOL...
Junkers	Los antiguos agricultores latifundistas del norte de Alemania y Prusia oriental que representaban el espíritu conservador y con un fuerte apoyo al militarismo.	
Kulaks	Usureros que en Rusia prestaban dinero a los campesinos.	
Leading indicators	Son los indicadores que sirven para la predicción económica. Algunos de estos indicadores son la jornada media de trabajo semanal, los parados inscritos, la entrada de materias primas, etc.	
Lock-out	Cierre patronal o respuesta de los empresarios a la huelga obrera.	
Mailing	Palabra que hace referencia a la utilización de los servicios postales para la difusión de publicidad en grandes masas.	
Manager	Hace referencia a la persona que planifica, controla y dirige una organización, usualmente una gran empresa.	
Mobbing	Técnica laboral que consiste en acosar injustamente a un empleado con la intención de obtener un beneficio propio.	
Overnight	Depósito tomado un día para ser entregado al día siguiente.	
Pay-back	Periodo de recuperación de una inversión.	
Slamming	Técnica que consiste en incorporar un servicio no solicitado que guarda una estrecha relación con otro que sí ha sido solicitado.	

UNIDAD 1

Los tipos de sociedades

1. Competencia pragmática	2. Competencia lingüística	3. Competencia sociolingüística	4. Competencia sociocultural	5. Competencia intercultural
1.1. Competencia discursiva • Cartas de negocios	**2.1. Competencia léxica** • Léxico relacionado con el mundo empresarial	**3.1. Registros** • La jerga o el lenguaje de los profesionales	**4.1. Competencia cultural** • Los tipos de sociedades en España • Clasificación de la empresa	**5.1.** Los choques culturales en la empresa
			4.2. Comprensión auditiva • En una conferencia	
Tarea final				

En esta unidad vamos a:

- Saber cómo escribir una carta de negocios y las partes de las que consta.
- Mejorar el conocimiento del léxico relacionado con el mundo empresarial.
- Describir características y estados de las empresas y los trabajadores.
- Poder mejorar nuestra actitud en contextos profesionales utilizando la jerga de la empresa.
- Conocer los diferentes tipos de sociedades que se pueden crear en España.
- Saber exponer nuestro punto de vista sobre la empresa.
- Conocer tipos de industrias y actividades que se realizan en ellas.
- Evitar posibles choques culturales entre trabajadores de diferentes países.

1 Competencia pragmática

1.1. | Competencia discursiva

Cómo redactar una carta comercial

Hoy en día debido a la influencia de las nuevas tecnologías una carta comercial puede adaptarse a distintos soportes como el fax o el correo electrónico. Sin embargo, se siguen manteniendo las pautas tradicionales en el interior de cada documento.

Estas son algunas indicaciones que se deben tener en cuenta a la hora de redactar una carta empresarial:

1. Fecha: suele situarse en el margen superior derecho del documento.
- Los meses se escriben en minúscula.
- Los años se escriben sin punto.
- Es preferible escribir el día y el año con número y el mes con letra.

2. Saludo o encabezamiento: se escribe debajo de los datos del destinatario y del remitente.
Estos son algunos de los encabezamientos más comunes, que se escogerán según el contexto:

Señor(es):	*Estimado(s) señor(es):*	*Estimada(s) señora(s):*
Apreciado(s) señor(es):	*Muy Sr. mío:*	*Estimada Sra. García:*

3. Cuerpo de la carta: está constituido por el mensaje en sí. Es fundamental que esté redactado con claridad y precisión para que se entienda bien lo que se pretende transmitir.
Las siguientes frases pueden servir de ejemplo para iniciar el cuerpo del texto:

> • *Con motivo de...* • *Mediante esta carta...* • *Con este escrito...* • *El objeto de esta carta...* • *A propósito de...* • *En lo concerniente a...* • *Es un placer anunciarle…* • *De acuerdo con la conversación telefónica...*

¿Puedes hacer oraciones completas con los inicios que te sugerimos?

4. Despedida: debe guardar relación con el saludo o encabezamiento que hemos empleado.
Estas son algunas fórmulas que pueden ser útiles para concluir una carta:

> • *Reciba(n) un cordial saludo,*
> • *Le(s) saluda atentamente,*
> • *Muy cordialmente,*
> • *En espera de su respuesta, reciba un cordial saludo,*
> • *Estamos a su disposición para todo aquello que necesiten,*
> • *Esperamos recibir noticias suyas lo antes posible,*
> • *Si desea más información, le atenderemos con mucho gusto,*

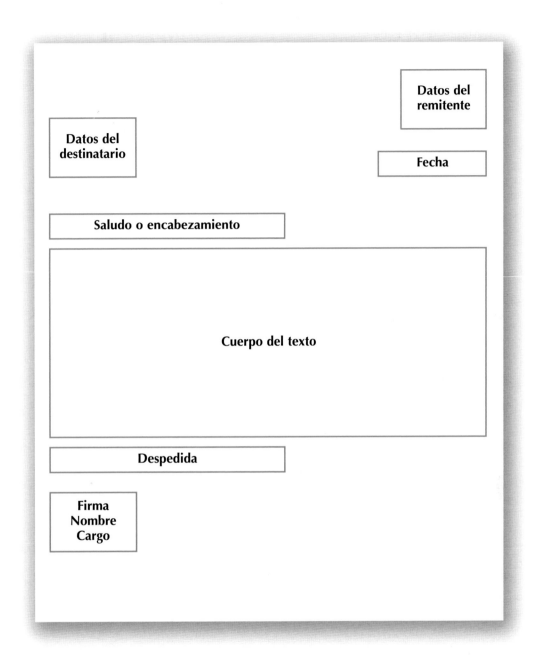

Don Antonio Romano desea abrir una tienda en una ciudad española. Como no tiene ninguna experiencia, se pone en contacto con una gestoría para que le orienten y le resuelvan algunas dudas.

Aquí tenemos la carta que escribió al asesor de empresa.

1. Formatéala siguiendo las indicaciones antes enumeradas.

2. Como verás, la carta ha sufrido alteraciones, ¿podrías ordenarla?

para solicitar su inestimable ayuda,
En estas áreas es donde me gustaría contar con ustedes,
y los factores a tener en cuenta.
Estimado Sr. Luque:
Al ser un empresario individual me veo en la necesidad de considerar
ya que estoy tratando de montar un negocio.
El objeto de esta carta es ponerme en contacto con ustedes
todos los aspectos desde un punto de vista legal así como económico.
Quedo a la espera de sus noticias y
puesto que al ser asesores de empresa sabrán las medidas a tomar
aprovecho la ocasión para saludarles muy atentamente.
5 de noviembre de 2013

Antonio Romano
Paseo Las Flores, 16
18007 Granada

Gestoría Luque
Calle Victoria, 27, 3.º C
28005 Madrid

Al cabo de una semana el Sr. Luque, asesor de empresa, le envía esta carta a su cliente.

Gestoría Luque

Gestoría Luque
Calle Victoria, 27, 3.º C
28005 Madrid

Antonio Romano
Paseo Las Flores, 16
18007 Granada

17 de noviembre de 2014

Estimado Sr. Romano:

La gestoría Luque quisiera agradecerle la confianza depositada en nuestra entidad a la hora de ofrecerle información relacionada con sus planes para montar su propia empresa (individual).

Como usted sabrá, ser empresario hoy en día puede ser relativamente sencillo. Con formación, un buen plan de empresa, dinero para su financiación y muchas ganas de trabajar nos podemos asegurar el futuro a través del autoempleo.

Me imagino que usted, como futuro propietario de la empresa, se habrá hecho estas preguntas: ¿qué quiero vender o producir y a quién?, ¿cómo voy a hacerlo?, ¿dónde se localiza mi negocio?, ¿qué número de empleados necesito?

La respuesta que se dé a estas preguntas nos indicará cuáles son sus necesidades. Como, por ejemplo, contar con local propio o alquilado, maquinaria, mobiliario, política de mercado o, incluso, hasta clientes potenciales.

Finalmente le informo de que existen organismos públicos que pueden asesorarle como futuro empresario individual. Desde la ayuda en la creación de un plan de empresa hasta el seguimiento para su consolidación, créditos, subvenciones, etc., son algunas de las labores que instituciones como la Confederación de Empresarios, la Cámara de Comercio, las Comunidades Autónomas, etc. realizan a favor de los nuevos empresarios.

Recuerde que estamos a su entera disposición para cualquier consulta o duda que necesite respuesta.

Le saluda atentamente,

Pedro Luque
Asesor de Empresas

ACTIVIDADES

1. Contesta estas preguntas después de leer la carta.

a. ¿Qué tipo de empresario quiere ser el Sr. Romano?

b. ¿Qué elementos hay que tener en cuenta a la hora de crear una empresa?

c. ¿Qué organismos públicos pueden ayudar a un nuevo empresario?

d. ¿Cuáles son las claves para el éxito de una empresa?

e. ¿Crees tú que existe alguna diferencia entre una empresa individual y una sociedad mercantil?

f. ¿Si tú fueras empresario cómo sería tu empresa?

2. Asocia cada término con su definición para entender cuáles son los elementos de la empresa.

Empresario • Trabajadores • Tecnología • Proveedores • Clientes • Competencia • Organismos públicos

	Son las empresas que producen los mismos bienes o prestan los mismos servicios y con las cuales se ha de luchar para atraer a los clientes.
	Es el conjunto de personas que rinden su trabajo en la empresa, por lo cual reciben un salario.
	Son personas o empresas que proporcionan las materias primas, servicios, máquinas, etc. necesarias para que las empresas puedan llevar a cabo su actividad.
	Es la persona o conjunto de personas encargadas de gestionar y dirigir tomando las decisiones necesarias para el buen funcionamiento de la empresa.
	Está constituida por el conjunto de procesos productivos y técnicos necesarios para poder fabricar (máquinas, ordenadores, elementos técnicos, etc.).
	Tanto el Gobierno Central como las Comunidades Autónomas y Ayuntamientos condicionan la actividad de la empresa a través de normativas laborales, fiscales, sociales, etc.
	Constituyen el conjunto de personas o empresas que demandan los bienes producidos o los servicios prestados por la empresa.

3. Desde el punto de vista económico, el fin de la empresa privada es la obtención del máximo beneficio. Existen otras entidades cuya finalidad es alcanzar objetivos de carácter social, ¿podrías mencionar algunas?

2 Competencia lingüística

2.1. Competencia léxica

Léxico relacionado con el mundo empresarial

1. A nivel empresarial existe la Clasificación Nacional de Actividades Económicas (CNAE), en la cual se establece un listado en el que se enumeran los tipos de industrias y actividades empresariales que se realizan en el país. A continuación, te damos una lista de actividades empresariales. Asocia cada actividad con el tipo de industria al que pertenece.

TIPOS DE INDUSTRIAS

Textil	Química	Confección	Metalúrgica	Alimentación	Caucho	Maderera	Manufacturera	Piel

ACTIVIDADES EMPRESARIALES

1. Fabricación de conservas de frutas y hortalizas.
2. Fabricación de juegos y juguetes.
3. Fabricación de calzado.
4. Producción y primera transformación de aluminio.
5. Fabricación de muebles.
6. Abrigos de visón.
7. Fabricación de alfombras y moquetas.
8. Piezas de carpintería y ebanistería para la construcción.
9. Fundición de hierro.
10. Fabricación de escobas, brochas y cepillos.
11. Fabricación de ropa interior.
12. Fabricación de perfumes y productos de belleza e higiene.
13. Reconstrucción y recauchutado de neumáticos.
14. Fabricación de productos lácteos.
15. Fabricación de prendas de trabajo.
16. Fabricación de productos cárnicos.
17. Fabricación de productos farmacéuticos de base.
18. Fabricación de tejidos de seda.
19. Fabricación de artículos de marroquinería y viaje.
20. Fabricación de hilo de coser.

2. En el mundo de la empresa utilizamos palabras que pueden ser utilizadas en diferentes campos léxicos. Las siguientes palabras son polisémicas, es decir, tienen más de un significado. Intenta definir los significados de los siguientes conceptos.

Importar
1. ....
2. ....

Depósito
1. ....
2. ....

Deducción
1. ....
2. ....

Bolsa
1. ....
2. ....

Sociedad
1. ....
2. ....

Canal
1. ....
2. ....

┌─ *Operación* ──────────────────┐   ┌─ *Titular* ──────────────────┐
│ 1............................. │   │ 1........................... │
│ 2............................. │   │ 2........................... │
└────────────────────────────────┘   └──────────────────────────────┘

3. **Aquí tienes diferentes acepciones de la palabra *cuenta*. Léelas y decide cuáles serían útiles para una empresa, cuáles para una persona y cuáles para ambos.**

Cuenta de ahorro vivienda: en ella se hacen depósitos con la finalidad única de ahorrar para la compra de la vivienda habitual. En España puede deducirse el 15% de las cantidades depositadas, deducción que se ha de devolver si en 5 años no se ha realizado la adquisición.

Cuenta a plazo: cuenta bancaria donde la disponibilidad de los fondos está imposibilitada durante un periodo de tiempo determinado con la intención de obtener un interés por la cantidad aportada.

Cuenta bancaria: cada una de las distintas formas en que un cliente puede ser acreedor o deudor de un banco.

Cuenta compensada: son aquellas cuentas de naturaleza diferente que tienen su saldo unido. Cuando en una de ellas no hay saldo suficiente se completa con la parte de saldo necesario de la otra cuenta con la que está combinada, sirviendo de cobertura a la otra.

Cuenta conjunta: aquella en la que se requiere la firma de todos los titulares para hacer cualquier movimiento.

Cuenta corriente: contrato de depósito irregular establecido entre el banco y el cliente, por el cual el primero se obliga a custodiar el dinero recibido del titular, comprometiéndose a tenerlo siempre a disposición del segundo y a admitir toda clase de ingresos y pagos, siempre y cuando el cliente no exceda el saldo de la cuenta.

Cuenta de gestión: aquella que recoge datos informativos de uso en el análisis de la gestión del negocio.

Cuenta mutua: la que se abren recíprocamente los bancos corresponsales para canalizar los pagos y cobros entre ambas entidades.

Cuenta de pérdidas y ganancias: también conocida como cuenta de resultados. Partida del balance que, por su extraordinaria importancia, se presenta en estado independiente de aquel, y detalla los gastos e ingresos de la actividad comercial, siendo el saldo total el resultado contable de beneficios o pérdidas.

Cuenta en participación: contrato mercantil por el que un tercero aporta recursos a una empresa, para una determinada actividad, recibiendo por ello una participación en los beneficios proporcional a la suma aportada.

Cuenta solidaria: es la cuenta colectiva en la que basta la firma de uno de los titulares para hacer cualquier movimiento.

PARA UNA EMPRESA	PARA UNA PERSONA	PARA AMBOS

4. A continuación te vamos a dar una serie de situaciones relacionadas con las operaciones bancarias. Deberás decidir qué tipo de cuenta mencionado anteriormente sería el más adecuado en cada una de las situaciones.

Situación	Tipo de cuenta
Manuel es un chico de 35 años que está pensando en adquirir una casa en un futuro próximo.	
La familia García tiene ahorrada una cantidad de dinero que no va a necesitar en un determinado periodo de tiempo y está pensando qué hacer para obtener una buena rentabilidad.	
La empresa Sansón y Lalila quiere evitar quedarse sin saldo en una cuenta al realizar un pago.	
Queremos abrir una cuenta en la que cualquiera de los titulares pueda retirar dinero sin permiso de los demás.	
Dos entidades bancarias tienen una relación comercial muy fluida y quieren tener constancia de las operaciones que han realizado entre ambas.	

3 Competencia sociolingüística

3.1. Registros

La jerga o el lenguaje de los profesionales

1. ¿Sabes qué es una *jerga*? El Diccionario de la Real Academia (DRAE) lo define como: "lenguaje especial y familiar que usan entre sí los individuos de ciertas profesiones y oficios, como doctores, informáticos, etc.". Te ofrecemos a continuación el punto de vista de dos empresarios sobre el mundo empresarial.

En una empresa el poder de decisión no siempre debe ir asociado a la dirección. Es también importante facilitar la autorrealización de los empleados y buscar su satisfacción laboral por medio de incentivos tales como las expectativas de promoción, contratos fijos, etc.

La eficacia de una buena empresa está basada en el estilo de dirección, la atención al cliente, la producción y los beneficios.

Ofertar contratos fijos supone una estabilidad o seguridad laboral y aporta a la empresa ayudas y subvenciones. Otro aspecto que yo considero de primer orden sería el área del conocimiento en la que se deben ofertar cursos de formación. Esto mejoraría los logros del departamento de Investigación y Desarrollo.

Subraya los términos y expresiones relacionadas con la jerga de los empresarios.

2. Los empresarios anteriores hablan de cuatro áreas relacionadas con el mundo empresarial. Sitúa en la casilla correspondiente los términos y expresiones que corresponden a cada una de ellas.

Organización empresarial	Eficacia	Conocimiento	Seguridad y satisfacción laboral

3. A continuación te ofrecemos la entrevista realizada a un empresario que habla de su aventura como emprendedor y de su perspectiva de la empresa. Une las preguntas con su respuesta correspondiente.

PREGUNTAS	RESPUESTAS
1. Háblenos de los inicios de la empresa, ¿cómo surge la idea?	**a.** Es una reducción tanto de costes directos como indirectos además de tiempo. Cuando tienes buena tecnología descubres nuevas líneas de negocio y las haces posibles.
2. ¿Cuál fue su primera inversión?	**b.** Para mí la calidad y la confianza son mucho más importantes. Se trataba de que los proveedores y empleados no fallaran.
3. ¿En sus proveedores buscaba la calidad o ajustar los costes?	**c.** La idea surge en 1995, cuando vemos que existe una necesidad en el mundo de la comunicación hacia las empresas en general y muy en particular a las PYMES, ya que los medios que existían entonces estaban mucho más orientados hacia grandes empresas y corporaciones.
4. ¿Considera la tecnología un gasto o una inversión?	**d.** Lo más importante sin duda son los clientes. Son los que generan nuestros ingresos directos y nos llevan a los indirectos (publicidad, prestigio). En segundo lugar colocaría los procesos, que es donde se detecta de forma clara dónde te equivocas. Finalmente y hablando de reducción de costes pienso que una vez organizados los procesos, se trata más de no despilfarrar que de complicadas decisiones de planificación.
5. Ordéneme sus preocupaciones: clientes, reducción de costes y procesos empresariales.	**e.** Muebles y tecnología. Ahora nos hemos dado cuenta de que cometimos un error no dejándonos aconsejar, solo en la medida que inviertes te vas dando cuenta de todo lo que te ofrecen. Si hubiera invertido en un buen equipamiento desde el principio, hubiéramos crecido con más rapidez.

1	2	3	4	5

Adaptado de *www.microsoft.com*

4. ¿Qué palabras y expresiones de la entrevista anterior crees que se relacionan con la jerga de los empresarios? Intenta definirlas con tus propias palabras según el contexto en el que han sido usadas.

5. Una vez que entre todos habéis decidido cuáles son esas expresiones y palabras relacionadas con la jerga empresarial, formaremos parejas en las que uno será el entrevistador y otro un empresario de gran fama que hablará de sus estrategias empresariales y de cómo concibe el mundo de la empresa.

4 | Competencia sociocultural

4.1. | Competencia cultural

Los tipos de sociedades en España

Empresa: entidad o grupo social en el que a través de la administración de sus recursos, del capital y del trabajo, se producen bienes y/o servicios para satisfacer las necesidades de una comunidad y obtener beneficios.

1. ¿Podrías dar otra definición de empresa utilizando estos conceptos?

unidad económica • producción • comercialización • bienes o servicios • fines lucrativos

Empresa: ....
....

2. Asocia cada concepto con su definición.

Recursos materiales • Recursos técnicos • Recursos humanos • Recursos financieros

[_____]: son aquellos que sirven como herramientas e instrumentos auxiliares en la coordinación de los otros recursos; es decir, sistemas de producción, de ventas, de finanzas, patentes, etc.

[_____]: son los recursos monetarios propios y ajenos con los que cuenta la empresa, indispensables para su buen funcionamiento y desarrollo.

| | : son indispensables para cualquier grupo social, ya que de ellos depende el manejo y funcionamiento de los demás recursos. |

| | : son los bienes tangibles con que cuenta la empresa para poder ofrecer sus servicios, tales como oficinas, maquinaria, materias auxiliares que forman parte del producto, etc. |

Clasificación de la empresa

1 Según el sector económico

Sector primario	Empresas que se dedican a la extracción de recursos naturales (carbón, cobre, petróleo, etc.) o a la explotación de la agricultura, ganadería o pesca.
Sector secundario	Empresas que a través de un proceso industrial transforman los productos obtenidos en el sector primario y también fabrican nuevos productos (conservas, maquinaria, siderometalúrgica, etc.).
Sector terciario	Empresas de servicios, tales como bancos, compañías de seguros, servicios públicos, etc.

2 Según el origen del capital

Empresas públicas	Son aquellas cuyo propietario es el Estado y actúa como empresario en ciertos sectores a los cuales no llega la iniciativa privada.
Empresas privadas	Son aquellas que pertenecen a los particulares, es decir, el capital es propiedad de inversionistas privados y su finalidad es 100% lucrativa.
Empresas mixtas	Son aquellas en las cuales la propiedad de la empresa es compartida entre el Estado y los inversores privados.

3 Según su tamaño

Empresas pequeñas	Las que tienen entre 1 y 50 trabajadores o facturan menos de 300 000 euros al año.
Empresas medianas	Las que tienen entre 50 y 250 empleados o facturan entre 300 000 y 600 000 euros anuales.
Empresas grandes	Las que tienen más de 250 trabajadores o una facturación de más de 6 millones de euros al año.

Según el ámbito geográfico

Empresas locales	Son pequeñas empresas que desarrollan su actividad en una única ciudad.
Empresas regionales	Su actividad se realiza en una provincia. Suelen tener diversas sucursales por toda la zona en la que operan.
Empresas nacionales	Desarrollan su actividad en un único país, también a través de sucursales.
Empresas multinacionales	Son grandes empresas que desarrollan su actividad en varios países al mismo tiempo. Suelen operar a través de filiales o franquicias.

 Según su forma jurídica

Todas las empresas deben tener una forma jurídica que viene determinada, entre otras cosas, por el número de personas que participan en la creación de la misma, por el capital aportado y por el tamaño; así podemos distinguir:

Empresas individuales	Cuando el propietario de la empresa es la única persona que asume todo el riesgo y se encarga de la gestión.
Sociedades mercantiles	Cuando varias personas se deciden a invertir en una empresa pueden formar una sociedad. Entre las más comunes están: • Sociedad Anónima. • Sociedad de Responsabilidad Limitada. • Sociedad Colectiva.

Empresas individuales

- El empresario individual es una persona física, es decir, no existe separación entre el patrimonio mercantil y su patrimonio civil.
- Ejerce la actividad empresarial individualmente.
- El negocio es dirigido bajo su propia responsabilidad individual.
- Gestiona y recibe los beneficios o pérdidas.
- Es responsable de las deudas contraídas frente a terceros con todos sus bienes.

Sociedades mercantiles

Sociedad Anónima, S. A.

- Es una sociedad capitalista.
- El capital social mínimo para constituirse es de 60 101 euros, y se desembolsará al menos en un 25% del valor nominal de las acciones.
- El capital está dividido en acciones que representan partes iguales del mismo.
- Las acciones son negociables y de fácil transmisión.
- Las acciones pueden cotizar en la Bolsa de Valores.
- El número de socios es tres como mínimo, sin que exista un máximo.
- La responsabilidad ante terceros está limitada al capital aportado por cada socio.

Sociedad de Responsabilidad Limitada, S. R. L./S. L.

- Es una sociedad capitalista.
- El capital social mínimo es de 3050 euros y se desembolsará en su totalidad en el momento de la constitución.
- El capital está dividido en partes iguales llamadas participaciones.
- Las participaciones solo se transmitirán entre los mismos socios a través de Escritura Pública.
- Las participaciones no cotizan en la Bolsa de Valores.
- El número de socios no podrá ser superior a 50.
- La responsabilidad ante terceros está limitada al capital aportado por cada socio.

Sociedad Colectiva, Cía.

- Sociedad personalista.
- No se requiere la existencia de un capital social mínimo.
- Los socios intervienen directamente en la gestión de la empresa.
- Los socios pueden aportar no solo capital sino también su trabajo (socio capitalista o socio industrial, respectivamente).
- Los socios responden personalmente de forma ilimitada y solidaria frente a deudas a terceros.
- No existe límite máximo de socios y el mínimo es de dos.
- La gestión de la sociedad se encomienda a todos los socios.

Formalidades de la S. A./S. L./Cía.

- Escritura Pública ante notario.
- Inscripción en el Registro Mercantil.
- *Nombre* + S. A./*nombre* + S. R. L., S. L./*nombre* + Cía.
- Seguir la normativa fiscal.
- Llevar los libros de comercio.

ACTIVIDADES

1. Busca tres similitudes y tres diferencias entre la S. A. y la S. L.

2. Nombra el tipo de empresa y sitúala según la clasificación de las empresas.

Empresa perteneciente íntegramente al Estado.

Empresa dedicada a la extracción de productos naturales.

Empresa que tiene entre 50 y 250 empleados.

Empresa en la que el empresario ejercita en nombre propio una actividad constitutiva.

Empresa capitalista donde el capital inicial está dividido en participaciones.

Gran empresa que desarrolla sus actividades en varios países.

Empresa donde varias personas convienen desarrollar en común la acción empresarial.

Empresa que transforma productos naturales a través de un proceso industrial.

3. Después de leer los siguientes artículos completa la tabla con la información correspondiente.

Nombre empresa	Sector económico	Tamaño	Producción	Forma jurídica	Ámbito geográfico

LACASA, 150 años de tradición y chocolate

LACASA es una empresa de origen familiar, fundada hace 150 años en Jaca (Huesca) por los bisabuelos de los actuales propietarios, cuya actividad se centró desde sus inicios en la producción de chocolate. Hoy en día, y tras constituirse en la sociedad mercantil LACASA, S. A. en 1972, el Grupo está plenamente consolidado como uno de los primeros productores nacionales no solo de chocolates, sino también de dulces infantiles, bombones y caramelos. Actualmente cuenta con cuatro fábricas repartidas por la geografía española (dos en Zaragoza y dos en Oviedo), así como dos filiales comerciales en Lisboa (Portugal) y Buenos Aires (Argentina).

Su plantilla media supera las 490 personas, aunque en plena campaña puede aumentar hasta 700.

Fruto de la política de expansión iniciada por el Grupo en la década de los 90, los productos de LACASA cuentan también con una fuerte presencia en los mercados internacionales, en especial en Portugal, Argentina y Francia.

Junto a sus tradicionales turrones, los *Lacasitos* y los *Conguitos* son dos de los productos más emblemáticos del Grupo LACASA. Puestos en fila, los 3000 millones de *Lacasitos* que se fabrican anualmente darían la vuelta a la tierra. La fábrica en Utebo produce cada año unas 4000 toneladas de *Conguitos*.

LACASA vende sus productos en 40 países de los cinco continentes.

Adaptado de *El País Negocios*

GRAN CAFÉ BIB-RAMBLA
"Quiero recuperar la tradición artesanal de mi abuelo"

El abuelo de Carlos Navarro solía transportar desde Santa Fe hasta Granada la leche que servían en el Café Bib-Rambla. Su sueño era hacerse con aquel negocio y no paró hasta conseguirlo en 1920. En 1957, uno de sus hijos, el tío de Carlos, heredó el negocio a la muerte de su padre.

La crisis económica de 1973 dejó tocadas las cuentas de la empresa. Pero no sería hasta la aplicación de la primera reforma laboral de la democracia cuando se produjera el mayor traspié económico del Gran Café Bib-Rambla. Los costes por trabajador se incrementaron notablemente y hubo que despedir a muchos de ellos y, por consiguiente, reducir el número de mesas en la terraza –hasta ese momento 60 empleados atendían más de 100 mesas–.

Se produce entonces una tercera transición. El padre de Carlos, pide un crédito y libra a la empresa de su inminente embargo. Pero no es hasta 1996 cuando Carlos Navarro se hace con el mando del café familiar.

El joven empresario quiere recuperar la fabricación propia, artesana, la que se estilaba en los tiempos de su abuelo. "Al poco de morir él, se fue dando de lado a la producción casera. Antes, la leche, el obrador, los helados... todo se hacía aquí. Hasta el café se tostaba en la plaza", explica.

En cuanto tuvo un respiro económico, Carlos afrontó la primera gran reforma del café. Desde entonces la pastelería, la bollería y los helados se hacen allí, como en los viejos tiempos. Reconoce que el negocio funciona muy bien "a pesar de la normativa municipal, que restringe demasiado el número de mesas permitido en la terraza".

Adaptado de Ideal de Granada

4. Piensa en una empresa de tu país y explícala a tus compañeros de clase utilizando los mismos criterios. Puedes buscar la información en artículos de cualquier publicación de negocios o en Internet.

Nombre empresa	Sector económico	Tamaño	Producción	Forma jurídica	Ámbito geográfico

5. En España todavía existen algunas empresas públicas como RENFE, TVE 1 y TVE 2, Paradores Nacionales, etc. ¿Podrías dar un ejemplo de empresa pública en tu país?

4.2. | Comprensión auditiva

 En una conferencia

En una universidad española se va a realizar una conferencia sobre Derecho Mercantil. La conferencia la dará el Dr. Leandro Gao. El título de la conferencia es: "Alternativas a las Sociedades Anónimas y Limitadas". Escucha la siguiente información y selecciona la respuesta correcta.

1. Las Sociedades Cooperativas están reguladas por la ley:

☐ **a.** 37/1999 de 16 de junio.

☐ **b.** 27/1999 de 16 de julio.

☐ **c.** 17/1989 de 26 de julio.

2. Las Sociedades Cooperativas deberán ser inscritas en el:

☐ **a.** Registro Mercantil.

☐ **b.** Registro Civil.

☐ **c.** Registro de Sociedades Cooperativas.

3. El capital social mínimo de las Sociedades de Garantía Recíproca no podrá ser inferior a:

☐ **a.** 1 803 036,30 euros.

☐ **b.** 1 083 026,30 euros.

☐ **c.** 1 380 063,30 euros.

4. Las Sociedades de Capital-Riesgo se caracterizan por:

☐ **a.** una duración ilimitada en el tiempo.

☐ **b.** una duración limitada en el tiempo.

☐ **c.** una duración temporal.

5 Competencia intercultural

5.1. Los choques culturales en la empresa

Para hacer la siguiente actividad, dividid la clase en parejas: alumno A y alumno B. Cada uno leerá la información correspondiente.

ALUMNO A

Eres Estefi Sorensen, una danesa que ha sido contratada por una empresa española que se dedica al sector terciario. Trabajas en la administración de la empresa y tu función consiste en atender las llamadas provenientes del extranjero.

Después de un tiempo de relación laboral con tus compañeros de trabajo, estás un poco decepcionada porque no consigues contactar completamente con ellos y además algunas áreas del trabajo no las haces bien porque nadie te ha explicado cómo se hacen.

Para ello, hablas con Petra Bajo, la única compañera con la que has conseguido intimar un poco. Estas son las áreas en las que has tenido choques culturales:

ÁREA	CHOQUE CULTURAL
Tiempo	1. Tus compañeros tardan más de la media hora que hay estipulada para desayunar. 2. Te interesa la jornada intensiva pues te resulta muy incómodo el horario partido.
Comunicación	1. Te molesta que cada vez que estás hablando con un compañero del trabajo de algo importante te dejen de prestar atención porque otro compañero interrumpe bruscamente la conversación y le atienden a él.
Realización de actividades	1. No te gusta que, cuando estás hablando con un compañero, este realice una actividad mientras te habla y consecuentemente la conversación no fluye con normalidad porque su atención no se dirige a ti en su totalidad.
Jerarquía	1. No entiendes por qué la actitud general de los empleados cuando se tienen que dirigir al director de la empresa es la de un cierto "miedo". 2. La relación con el director debe ser parecida a la que tienes con el resto de los empleados. En tu país la empresa no está tan jerarquizada como en España.
Competitividad	1. Crees que la competitividad en la empresa se basa en aspectos que consideras triviales. 2. Para ti la competitividad se debería basar más en la efectividad del personal y en el trabajo que desempeña.
Imagen con el resto de los empleados	1. La imagen que se tiene de ti en la empresa consideras que es injusta ya que está basada en los motivos mencionados anteriormente. 2. Además, ves a tus compañeros carentes de criterios propios porque piensas que solo se dejan llevar por la opinión de unos que se autodenominan líderes.

Eres Petra Bajo, una trabajadora de una empresa española que se dedica al sector terciario. Trabajas en la administración de la empresa.

Hace unos meses llegó nueva a la empresa una chica danesa llamada Estefi Sorensen y tú eres la única con la que Estefi ha podido establecer una relación amena.

Estefi está un poco decepcionada porque no consigue contactar completamente con sus compañeros y además algunas áreas del trabajo no las hace bien porque nadie le ha explicado cómo se hacen. Un día, mientras desayunáis, te cuenta sus problemas.

Te damos las áreas conflictivas para Estefi y tú deberás actuar de mediadora cultural y hacerle comprender cómo es la cultura corporativa de la empresa en la que trabajáis.

ÁREA	CHOQUE CULTURAL
Tiempo	1. En España tardar más de lo establecido en el desayuno es algo que está arraigado y no es factor por el que un trabajador sea mal calificado por el resto de sus compañeros. Explícale que es un tópico que se produce en el sector de los funcionarios, que son personas que trabajan para el Estado. 2. Háblale de la importancia de la siesta como elemento clave de la cultura corporativa española.
Comunicación	1. El turno de palabra en España es un asunto que no se respeta tanto como en otros países del norte de Europa, ni siquiera en reuniones de negocios importantes. 2. La situación que Estefi plantea es lógica pero debe pensar que la voluntad de su compañero es seguir manteniendo la conversación con ella y que atiende al otro para terminar rápidamente y seguir con ella.
Realización de actividades	1. España es un país policrónico por excelencia. 2. Hacer dos actividades simultáneamente no solo no está mal visto sino que en situaciones de mucho trabajo, se valora la capacidad de efectuar más de una actividad al mismo tiempo pues serás considerada una persona activa.
Jerarquía	1. En la cultura corporativa española, la actitud de ir en contra del jefe en reuniones de trabajadores es más común de lo que parece e, incluso, aquellos que lo hacen se califican entre los empleados de gente valiente y con carácter que no está dispuesta a dejarse intimidar. 2. El problema es que luego, por lo general, no se suele pasar a la acción, pues cuando el jefe está delante casi nadie se atreve a reprocharle nada.
Competitividad	1. Un factor de competitividad en algunas empresas se basa en envidiar al compañero que por razones justas o injustas resulta tener más éxito. 2. Se suele llegar a pensar que el éxito no le ha llegado por medio del esfuerzo personal sino por otros factores como el parentesco, amistad, etc. 3. Lo que debería hacer es plantear ante sus compañeros si el lugar que cada uno ocupa es justo o injusto.
Imagen con el resto de los empleados	1. Tú opinas que su verdadera imagen debería ser la que sus propios criterios indican y que sería importante hacer entender a sus compañeros que está donde está por sus propios méritos y no porque la haya favorecido un superior.

Tarea final

TAREA:

Crear una serie de estrategias para conseguir fusionarnos con una empresa extranjera.

ROLES:

Director de una empresa extranjera / Director de la empresa española.

OBJETIVOS:

Director de la empresa extranjera: conseguir información sobre la empresa española con la que se va a fusionar y sobre los tipos de Sociedades Mercantiles y las características que definen a cada una de ellas.

Director de la empresa española: conseguir captar un socio capitalista de una empresa extranjera para mejorar la situación económica de su empresa.

PREPARACIÓN:

Comenta con tus compañeros:

- ¿Cómo podemos clasificar las empresas y qué criterios debemos seguir?
- ¿Qué tipos de Sociedades Mercantiles hay en España y cuáles son las características que las definen desde el punto de vista jurídico?
- ¿De qué partes se compone una carta comercial?
- ¿Qué léxico debemos utilizar para expresarnos en una jerga empresarial?
- ¿Qué tipos de industrias hay y qué actividades realizan?
- ¿Cuáles serían las áreas más importantes de una empresa?

SITUACIÓN 1:

Eres el director de una empresa española llamada "Lasinsabor". Tu empresa está en una situación económica deficitaria y necesitas una inyección de capital. Para ello, solicitas a un socio capitalista, por medio de una carta comercial, una inversión orientada al saneamiento de la empresa en la que te encuentras. En la carta planteas la posibilidad de fusionarte con otra compañía y ofreces información sobre la situación de tu empresa, sobre los tipos de sociedades que existen para, entre los dos, decidir cuál se adaptaría mejor a la nueva situación. Finalmente solicitas tener una reunión con él para llegar a un acuerdo mutuo.

Lo que debemos hacer:

- Escribir una carta comercial en la que clasifiques tu empresa y expliques las características que la definen.
- Describir el tipo de industria y las actividades de tu empresa.
- Crear un esquema con el perfil que debe tener la empresa con la que probablemente te vas a fusionar.
- Crear un esquema con las ventajas y desventajas que la fusión con otra empresa puede acarrear, teniendo en cuenta los intereses de tu empresa.
- Hacer un cuadro resumen de las características de los distintos tipos de empresa y de algunos de los tipos de sociedades según la legislación jurídica española.
- Informarnos de los tipos de cuentas bancarias para invertir nuestros futuros beneficios y el capital inicial que se necesita.
- Ver cómo podríamos crear una resolución de conflictos y choques culturales en ámbitos tales como el tiempo, la jerarquía, la competitividad, etc.

Una vez que hemos realizado los puntos anteriores debemos buscar a alguien de la clase de la situación 2 y tener una reunión para intentar llegar a un acuerdo sobre una posible fusión entre ambas empresas.

SITUACIÓN 2:

Eres el propietario de una empresa extranjera y has recibido una carta comercial en la que se te oferta la posibilidad de fusionarte con una empresa española.

Lo que debemos hacer:

- Responder a la carta comercial indicando tus preferencias hacia la forma jurídica que tendría la nueva empresa.
- Plantear las posibles preguntas que te conduzcan a una aclaración de las ventajas y desventajas que esto te puede acarrear, teniendo en cuenta los intereses de tu empresa.
- Crear un esquema con el perfil que debe tener la empresa con la que probablemente te vas a fusionar.
- Pedir información sobre las características de la empresa española.
- Describir tu empresa expresando cómo concibes la eficacia, el conocimiento, la seguridad, la satisfacción y la organización.
- Analizar los tipos de industrias que te interesan y sus actividades industriales.
- Preguntarle sobre los tipos de Sociedades que existen en ese país para ver cuál se adapta mejor a tus intereses.
- Informarnos de los tipos de cuentas bancarias que nos aportan mejores prestaciones para el ingreso de nuestros beneficios y el capital inicial que se necesita.
- Ver cómo podríamos crear una resolución de conflictos y choques culturales en ámbitos tales como el tiempo, la jerarquía, la competitividad, etc.

Una vez que hemos realizado los puntos anteriores debemos buscar a alguien de la clase de la situación 1 y tener una reunión para intentar llegar a un acuerdo sobre una posible fusión entre ambas empresas.

Autoevaluación

Sección 1	Sí	No	Un poco	Preguntas/Dudas
Eres capaz de entender una carta de negocios.				
Eres capaz de escribir una carta comercial con todas sus partes.				

Sección 2	Sí	No	Un poco	Preguntas/Dudas
Eres capaz de usar correctamente léxico relacionado con el mundo empresarial.				

Sección 3	Sí	No	Un poco	Preguntas/Dudas
Eres capaz de expresarte con cierta fluidez en un contexto profesional usando la jerga empresarial.				

Sección 4	Sí	No	Un poco	Preguntas/Dudas
Eres capaz de distinguir las características que definen cada uno de los tipos de Sociedades Mercantiles que existen en España.				

Sección 5	Sí	No	Un poco	Preguntas/Dudas
Eres capaz de actuar de mediador cultural para dar a conocer diferentes áreas relacionadas con la cultura corporativa española.				

UNIDAD 2

Creación de una empresa

1. Competencia pragmática	2. Competencia lingüística	3. Competencia sociolingüística	4. Competencia sociocultural	5. Competencia intercultural
1.1. Competencia discursiva • Interpretación de gráficos • Tipos de gráficos	**2.1. Competencia léxica** • Tipos de organigramas	**3.1. Registros** • Los departamentos y sus funciones • Los cargos empresariales y sus funciones	**4.1. Competencia cultural** • Pasos para la creación de una empresa **4.2. Comprensión auditiva** • En la ventanilla del Registro	**5.1.** Conocer diferentes aspectos de la Economía española

Tarea final

En esta unidad vamos a:

- Analizar e interpretar gráficos.
- Mejorar el conocimiento del léxico relacionado con el organigrama de una empresa.
- Conocer los diferentes tipos de departamentos y las funciones correspondientes de cada uno de ellos.
- Conocer el proceso de creación de una empresa.
- Dar a conocer conceptos económicos en español y la situación de la Economía española actuando de mediador cultural.

1 Competencia pragmática

1.1. Competencia discursiva

Interpretación de gráficos

Los gráficos son procedimientos muy útiles en el mundo empresarial y económico porque:

- Presentan análisis de datos.
- Comparan las previsiones y los resultados.
- Describen situaciones.
- Proporcionan una visión de conjunto sobre un tema determinado.
- Facilitan la argumentación y la comparación.

Tipos de gráficos

1 Gráficos de sectores

También conocidos como diagrama de "tartas", se divide un círculo en tantas porciones como clases tenga la variable, de modo que a cada clase le corresponde un arco del círculo.

2 Diagrama de barras

Son similares a los gráficos de sectores. Se representan tantas barras como categorías tiene la variable, de modo que la altura de cada una de ellas sea proporcional a la frecuencia o porcentaje de casos en cada clase.

3 Diagrama de barras con dos variables cualitativas

Son dos grupos de barras en las que se quieren comparar las observaciones tomadas en dos o más grupos de individuos, empresas, enfermedades, etc. En cada grupo se dibujan dos barras representando las ideas que se quieren comparar.

4 Gráficos de líneas

Pueden resultar especialmente interesantes, sobre todo cuando se desea destacar tendencias a lo largo del tiempo. Son una serie de puntos conectados entre sí mediante rectas, donde cada punto puede representar distintas cosas según lo que nos interese en cada momento (el valor medio de una variable, el valor máximo de cada grupo, porcentajes de casos en una categoría, etc.).

5 Dos diagramas de líneas superpuestos

Para visualizar los resultados de un análisis de la varianza con dos factores.

6 Tablas

Se recomienda que la presentación de datos numéricos se haga habitualmente por medio de tablas. No obstante, es difícil precisar cuando es más apropiado utilizar un gráfico que una tabla. Podemos considerarlos como modos distintos pero complementarios de visualizar los mismos datos.

1. Clasifica los siguientes tipos de gráficos.

Producto Interior Bruto
Variación interanual en %

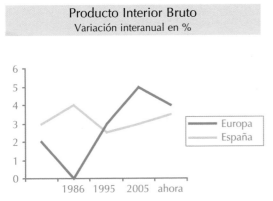

Producción agrícola (en %)

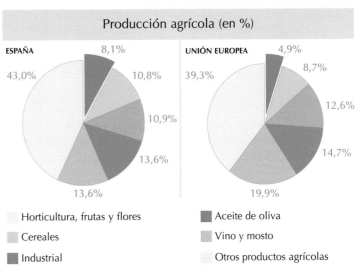

- ⬜ Horticultura, frutas y flores
- ⬜ Cereales
- ⬛ Industrial
- ⬛ Aceite de oliva
- ⬜ Vino y mosto
- ⬜ Otros productos agrícolas

Facturación de Sfera
En millones de euros

Consumo de videojuegos en España
En millones de euros

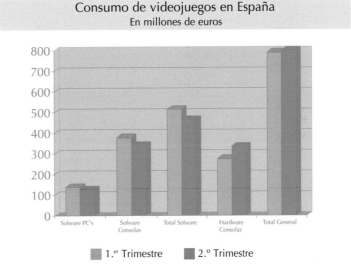

⬜ 1.ᵉʳ Trimestre   ⬛ 2.º Trimestre

Recuerda

Porcentajes	°Fracciones
500% un quinientos por cien.	4/4 cuatro cuartos/una unidad.
100% un cien por cien.	3/4 tres cuartos/tres cuartas partes.
87% un ochenta y siete por cien.	1/2 un medio/la mitad.
50% un cincuenta por cien.	1/3 un tercio/la tercera parte.
15% un quince por cien.	1/4 un cuarto/la cuarta parte.
10% un diez por cien.	1/10 un décimo/la décima parte.

2. Expresa las cantidades que proporciona este artículo empleando palabras en vez de números.

TURISMO

España bate un récord con 49,3 millones de turistas hasta octubre

España recibió 49,3 millones de turistas extranjeros en los 10 primeros meses del año, un nuevo récord histórico que equivale a un aumento interanual del 6,1% y el mayor crecimiento desde 1999. Los datos son de la Encuesta de Movimientos Turísticos en Frontera (Frontur), publicados por el Ministerio de Industria, Turismo y Comercio.

Durante octubre se registraron 4,9 millones de turistas, el 4,6% más que hace un año. 1/3 eligieron el turismo cultural y el resto el turismo de playa. El gasto total de los turistas extranjeros fue de 40 615 millones de euros, lo que equivale a un gasto medio diario por turista de 85 euros, el 4,4% más que el mismo periodo del año pasado.

El País Negocios

---

3. Representa la información que nos ofrece el texto anterior por medio de uno de los tipos de gráficas analizados anteriormente.

---

4. Completa estas frases con las palabras o números del recuadro.

cayendo • 1,23% • puntos • acelerará • estable • reducción • aumentan • consumo

a. La Economía española mantiene un crecimiento [   ] en torno al 3,5% anual y supera dos [   ] la media de la zona europea.

b. Las inversiones directas extranjeras [   ] en la UE (Unión Europea), pero siguen [   ] en España.

c. Las bajas cotizaciones atraen a los inversores. El IBEX 35 gana un [   ] esta semana.

d. La encuesta de población activa refleja una [   ] del paro del 15,5%.

e. Los datos del INE (Instituto Nacional de Estadística) y las previsiones de la Comisión Europea apuntan que el [   ] de las familias se ralentizará en España y se [   ] en la UE.

2.1. | Competencia léxica

Tipos de organigramas

1. Te mostramos parte del organigrama de una empresa. ¿Qué tipo de información podemos obtener en él? ¿Qué departamentos añadirías?

2. A continuación encontrarás algunas situaciones que han sido provocadas por organigramas que contienen errores en su planteamiento y otras que verdaderamente cumplen con las funciones que tienen los organigramas. Decide cuáles son correctas y cuáles incorrectas.

CORRECTAS	INCORRECTAS

1. El grado de autoridad disponible a distintos niveles no se especifica.
2. Puede apreciarse a simple vista la estructura general y las relaciones de trabajo en la empresa, mejor que por medio de una larga descripción.
3. No se expresan funciones y algunas de ellas sería posible realizarlas en varios departamentos.
4. Puede ocasionar que el personal confunda las relaciones de autoridad.
5. Muestra quién depende de quién.
6. Muestra las relaciones formales de autoridad e incluye muchas relaciones informales importantes.
7. Sirven como historia de los cambios, instrumentos de enseñanza y medio de información al público sobre las relaciones de trabajo de la empresa.
8. Podría lograr que los principios de la organización sean eficaces.
9. A menudo indican la organización tal y como debería ser o como era, más que como lo es en realidad.
10. Indica alguna de las peculiaridades importantes de la estructura de una empresa, sus puntos fuertes y débiles.

3. Los organigramas generalmente se utilizan para clasificar los distintos departamentos de una empresa, así como el nivel jerárquico que queremos asignar a los diferentes miembros que la componen.

Además de este parámetro, cuando queremos organizar una empresa podemos tener en cuenta otro factor distinto que determine su clasificación.

A continuación te presentamos diferentes parámetros para clasificar varias áreas relacionadas con la empresa. ¿Cuál sería el objetivo de una empresa en cada uno de estos parámetros?

Relaciona los parámetros de la columna de la izquierda con las funciones de la columna de la derecha.

1. Funcional	**a.** Organizar las diferentes zonas o áreas donde se fabrica o vende el producto.
2. Por producto	**b.** Crear unidades cuyo interés primordial es servir a los distintos compradores o clientes y a sus demandas.
3. Territorial o geográfica	**c.** Agrupar equipos en distintos departamentos para apórtar eficacia, al dividir las diferentes secciones de un mismo proceso de producción.
4. Por cliente	**d.** Se utiliza en empresas donde se trabaja sin interrupción los tres turnos de la jornada para controlar cada uno de los turnos.
5. Por equipo	**e.** Agrupar las actividades análogas según su función principal.
6. Por secuencia	**f.** En las empresas fabricantes de diversas líneas de productos, la departamentación se hace por un producto o grupo de productos relacionados entre sí.

4. Caso práctico.

La empresa "Como los chorros del oro" S.L. es de nueva creación. Pertenece al sector químico y se dedica a la producción y fabricación de productos de limpieza. El director de esta empresa eres tú y has decidido hacer un organigrama por secuencia y otro por producto. Os damos una parte del organigrama y vosotros decidiréis el resto.

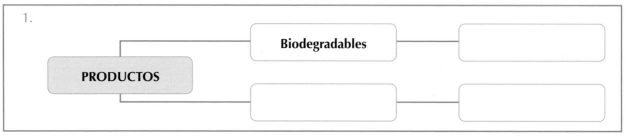

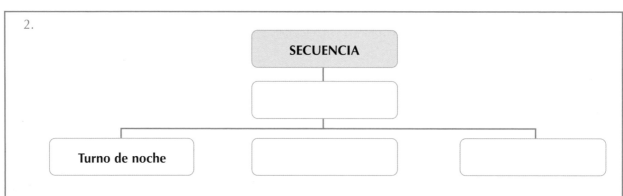

3
Competencia sociolingüística

3.1. | Registros

Los departamentos y sus funciones

En un organigrama se deben especificar los distintos departamentos que componen la empresa y establecer las funciones que corresponden a cada uno de ellos.

Relaciona las siguientes funciones con el departamento que las realiza.

Mercadotecnia	Investigación y Desarrollo	Producción	Logística	Administración	Recursos Humanos	Ventas

a. **Formación:** acción que consiste en entrenar y capacitar a todo el personal, ya sea de nuevo ingreso o no, con el objetivo de mejorar su capacidad profesional.

b. **Estrategias de ventas:** son algunas prácticas que regulan las relaciones con los distribuidores, minoristas y clientes.

c. **Distribución física:** reparto de la mercancía del fabricante al comprador.

d. **Desarrollo del producto:** consiste en perfeccionar los productos ya existentes, innovar o introducir nuevos productos, etc.

e. **Contratación y empleo:** consiste en la selección del nuevo personal.

f. **Control de Calidad:** consiste en asegurarse de que la calidad del producto es la adecuada.

g. **Fabricación:** es el proceso de transformación necesario para la obtención de un producto.

h. **Postventa:** consiste en ofrecer un servicio una vez que el producto ha sido adquirido.

i. **Promoción:** su objetivo es dar a conocer el producto al consumidor.

j. **Relaciones laborales:** toda relación de trabajo debe estar regulada por un contrato en el que se estipularán los derechos y obligaciones de las partes que lo integran.

k. **Investigación de mercados:** implica conocer quienes son o pueden ser los clientes potenciales para analizar las características que los definen.

l. **Trámites burocráticos:** conlleva la gestión de los documentos comerciales tales como los albaranes, facturas, etc.

Los cargos empresariales y sus funciones

1. En esta lista encontrarás algunos de los cargos más usuales en los departamentos empresariales. Asocia las funciones de cada uno de ellos con los cargos.

CARGOS

Técnico de selección	Secretaria de dirección	Contable	Responsable de mantenimiento	Director General	Analista de sistemas	Director de I + D	Técnico comercial

FUNCIONES

A. Cargo _____ :

- Determinación del Perfil Profesional.
- Captación y búsqueda de candidatos y elaborar los anuncios de prensa oportunos para el reclutamiento de candidatos en distintos medios de información.
- Recepción de los currículum vitae y preselección.
- Realizar entrevistas personales y elaborar informes psicoprofesionales.

B. Cargo _____ :

- Controlar los registros o libros de contabilidad.
- Efectuar cálculos, calcular costos de producción y hacer transacciones bancarias.
- Calcular los salarios a pagar partiendo de los registros de horas trabajadas por cada trabajador.

C. Cargo _____ :

- Desarrollar y mantener los soportes lógicos, programas, estructuras y sistemas de datos.
- Mantener actualizados y en buen funcionamiento las bases de datos y los sistemas de gestión de datos para garantizar la validez e integridad de la información registrada.
- Desarrollar, mantener y perfeccionar los programas lógicos que rigen el funcionamiento general de los ordenadores.

D. Cargo _____ :

- Establecer normas y procedimientos de control para garantizar el eficaz funcionamiento y la seguridad de máquinas, motores, instalaciones y equipos industriales.
- Organizar y dirigir el mantenimiento y reparación.
- Diseñar o reajustar la maquinaria, piezas o herramientas necesarias para adaptarse a las necesidades de producción y a las tendencias del mercado.

E. Cargo _____ :

- Conocer el mercado para tomar las medidas necesarias para adaptarse a las necesidades o tendencias de sus clientes.
- Atención y captación de clientes en su área de actuación.
- Abrir mercado, mantener los ya existentes e incrementar la cartera de clientes.

F. Cargo _____ :

- Analizar, evaluar e investigar las mejoras en productos existentes y nuevos productos.
- Diseñar, planificar e implementar los diferentes proyectos de creación o modificación de productos.
- Supervisar la elaboración de memorias y documentación necesaria para aquellos productos que requieran aprobación de organismos oficiales.

G. Cargo _____ :

- Gestionar y mantener actualizada la agenda de dirección.
- Atender el teléfono y filtrar las llamadas.
- Recibir y enviar la correspondencia, elaborar informes y otros documentos.
- Preparar viajes y desplazamientos.
- Organizar reuniones.

H. Cargo _____ :

- Definir y formular la política de la compañía.
- Planificar, dirigir y coordinar el funcionamiento general de la empresa con la asistencia de los demás directores de departamento, o al menos con dos de ellos.
- Evaluar las operaciones y los resultados obtenidos y, en su caso, informar al Consejo de Administración.
- Representar a la empresa en su trato con terceros.

2. **Cuando queremos expresar funciones en el registro empresarial hay una serie de verbos que se utilizan concretamente con determinados conceptos o expresiones. Intenta relacionar los verbos de la columna de la izquierda con sus conceptos o expresiones de la columna de la derecha.**

a. Efectuar	**1.** nuevos mercados.
b. Despedir	**2.** nuevos clientes.
c. Liquidar	**3.** cálculos.
d. Aumentar	**4.** a un trabajador.
e. Captar	**5.** una cuenta.
f. Organizar	**6.** la cartera de clientes.
g. Seleccionar	**7.** reuniones.
h. Nombrar	**8.** decisiones.
i. Tomar	**9.** cargos.
j. Abrir	**10.** a un candidato.

3. Os damos a continuación una ficha en la que tendréis que completar los datos necesarios para clasificar una empresa que vosotros habéis creado. Dependiendo del tipo de empresa, deberéis decidir en grupos qué departamentos consideráis que debe tener y especificar las funciones que le corresponderían a cada uno de ellos.

FICHA DE MI EMPRESA	
NOMBRE	
SECTOR ECONÓMICO	
TAMAÑO	
FORMA JURÍDICA	
ÁMBITO GEOGRÁFICO	
PROPIETARIO	

Departamentos	Funciones
Dpto.	• • •
Dpto.	• • •
Dpto.	• • •
Dpto.	• • •
Dpto.	• • •
Dpto.	• • •

4 Competencia sociocultural

4.1. | Competencia cultural

Pasos para la creación de una empresa

1. Para constituir una sociedad o empresa necesitamos cumplir ciertos requisitos y realizar algunos trámites burocráticos. Algunas de las instituciones y profesionales a los que deberemos acudir son los siguientes: Notaría, Hacienda, Seguridad Social, etc.

A continuación te damos algunos términos relacionados con los documentos, personas y lugares que vas a cumplimentar, contactar o visitar a lo largo del camino para conseguir tu objetivo. Asocia estos conceptos con sus definiciones:

> Escritura • Bufete • Estatutos • Notario • Abogado • Notaría • Licencia de obras
> Funcionario • Delegación Provincial de Hacienda

_____ : permiso o autorización dada para la realización de reformas en la estructura de un edificio o local.

_____ : reglas legales que sirven a una sociedad o corporación para regirse desde su constitución. Deben registrarse en una escritura.

_____ : donde se señala legalmente un compromiso del que derivan derechos y obligaciones.

_____ : trabaja para el Estado.

_____ : funcionario público autorizado para dar fe de los contratos, testamentos y otros actos extrajudiciales, conforme a la ley.

_____ : oficina del notario.

_____ : persona legalmente autorizada para defender en juicios los derechos e intereses de los afectados y también para asesorar sobre los puntos legales que se le consulten.

_____ : despacho de un abogado.

_____ : donde se realizan las funciones de la Hacienda Pública en una localidad determinada.

2. Agrupa los conceptos arriba mencionados según:

PERSONAS	DOCUMENTOS	LUGARES

3. Una vez que hemos decidido ir adelante con nuestro proyecto o idea debemos seguir los siguientes pasos:

LUGARES	TRÁMITES
• Oficina Española de Patentes y Marcas. • Registro Mercantil Central.	• Registrar el nombre o la marca de la empresa. • Asegurarnos de que no existe otra compañía con el mismo nombre.
• Bufete de Abogados.	• Asesorarnos de cuál es la forma legal más adecuada para nuestra empresa. • Redactar los estatutos de la sociedad en función del tipo de negocio elegido.
• Notaría.	• Presentar los estatutos de la nueva empresa. • Todos los fundadores, debidamente identificados tendrán que firmar la Escritura de constitución de la empresa. • Añadir la Certificación negativa del nombre de la empresa. • La Certificación bancaria del depósito del capital social.
• Delegación Provincial de Hacienda.	• Pagar el Impuesto de Actos Jurídicos Documentados. • Abonar del Impuesto de Transmisiones Patrimoniales. • Presentar el Alta en el Impuesto de Actividades Económicas. • Presentar la declaración Censal y Código de Identificación Fiscal.
• Registro Mercantil.	• Entregar la Escritura de constitución y el recibo de pago del Impuesto de Actos Jurídicos Documentados.
• Delegación Provincial de la Seguridad Social.	• Presentar el alta de la empresa en el Régimen de la Seguridad Social. • Presentar el alta de los posibles trabajadores de la empresa.
• Dirección de Trabajo.	• Solicitar la apertura del centro de trabajo.
• Ayuntamiento.	• Pedir la licencia de obras. • Pedir la licencia de apertura.

Para empresarios individuales

No son muchos los trámites que necesitamos para iniciar nuestra actividad laboral:

LUGARES	TRÁMITES
• Delegación Provincial de Hacienda.	• Solicitar el alta del Impuesto de Actividades Económicas, el llamado IAE en abreviatura. • Legalizar los libros obligatorios de facturas.
• Delegación Provincial de la Seguridad Social.	• Inscribirse en el Régimen de Autónomos.

4. **Aquí tienes algunos de los pasos a seguir para la creación de una empresa o sociedad. Di dónde se realizan estos trámites o se obtienen estos documentos. Para ello deberás asociar los trámites de la columna de la izquierda con los lugares de la columna de la derecha.**

TRÁMITES / DOCUMENTOS	LUGARES
1. Presentación de los estatutos de la nueva sociedad.	a. Registro Mercantil.
2. Alta de los posibles trabajadores.	b. Notaría.
3. Apertura del centro de trabajo.	c. Delegación Provincial de Hacienda.
4. Redactar los Estatutos de la sociedad.	d. Ayuntamiento.
5. Registrar el nombre de la sociedad.	e. Bufete de abogados.
6. Licencia de apertura.	f. Dirección de Trabajo.
7. Entrega de las Escrituras de la constitución de la empresa.	g. Delegación Provincial de la Seguridad Social.
8. Certificado bancario del depósito del capital social.	h. Oficina Española de Patentes y Marcas.
9. Declaración del Alta en el Impuesto de Actividades Económicas.	i. Comisaría de Policía.
10. Obtención del Código de Identificación.	j. Centro de Atención al Cliente.

1	2	3	4	5	6	7	8	9	10

5. Ordena la información anterior de forma cronológica.

> Primero, ir a la Oficina Española de Patentes y Marcas para registrar el nombre de la empresa, luego
>
> _____
>
> _____
>
> _____
>
> _____
>
> _____
>
> _____

6. Completa estas frases con el término correcto de los tres que se ofrecen.

6.1. Si tu compañía crea una marca nueva se debe patentar o registrar en:
- ☐ **a.** Delegación de Hacienda.
- ☐ **b.** Registro Mercantil.
- ☐ **c.** Oficina Española de Patentes y Marcas.

6.2. ¿A qué lugar debes ir para verificar la Certificación bancaria del depósito del capital social?
- ☐ **a.** Notaría.
- ☐ **b.** Ayuntamiento.
- ☐ **c.** Dirección de Trabajo.

6.3. El Alta de la empresa y los trabajadores se consigue en:
- ☐ **a.** Delegación de Trabajo.
- ☐ **b.** Delegación Provincial de la Seguridad Social.
- ☐ **c.** Delegación de Hacienda.

6.4. Si necesitas hacer reformas en tu local tienes que solicitar:
- ☐ **a.** Licencia de apertura.
- ☐ **b.** Licencia de trabajo.
- ☐ **c.** Licencia de obras.

6.5. Todos los fundadores de la futura empresa deben firmar:
- ☐ **a.** El libro de reclamaciones.
- ☐ **b.** La Escritura de constitución.
- ☐ **c.** La Escritura de apertura.

6.6. En el bufete de abogados se puede hacer este trámite:
- ☐ **a.** Redactar los estatutos de la sociedad.
- ☐ **b.** Redactar una póliza de seguros.
- ☐ **c.** Redactar un certificado de defunción.

6.7. El recibo de pago del Impuesto de Actos Jurídicos Documentados se entrega en:
- ☐ **a.** Registro Jurídico.
- ☐ **b.** Registro Mercantil.
- ☐ **c.** Registro de la Propiedad.

6.8. El pago del Impuesto de Actos Jurídicos Documentados se realiza en:
- ☐ **a.** Registro Mercantil.
- ☐ **b.** Delegación Provincial de Hacienda.
- ☐ **c.** Delegación Provincial de la Seguridad Social.

6.9. Las siglas IAE corresponde a:
- ☐ **a.** Impuesto de Acciones Económicas.
- ☐ **b.** Impuesto de Actividades Empresariales.
- ☐ **c.** Impuesto de Actividades Económicas.

6.10. El empresario individual realiza su inscripción en el Régimen de Autónomos en:
- ☐ **a.** Delegación Provincial de Hacienda.
- ☐ **b.** Delegación Regional de Hacienda.
- ☐ **c.** Delegación Provincial de la Seguridad Social.

7. Los medios de creación de empresas anteriormente citados se realizan por medio de la tramitación presencial. Además de dicha modalidad podemos optar por la tramitación telemática, la cual se debe realizar por medio de Internet.

Te presentamos a continuación un artículo en el que podrás obtener información sobre la tramitación necesaria para crear empresas en línea.

Un negocio abierto en tres días

Internet puede paliar un mal endémico de la Economía española: la tardanza en los plazos para abrir una empresa achacable a la lenta y pesada burocracia. Según el informe del Banco Mundial, España es el cuarto país de la Organización para la Cooperación y el Desarrollo Económico (OCDE) donde se exige más tiempo para empezar una actividad empresarial. El plazo está en torno a los 47 días, muy lejos de la media de 16,6 del conjunto de los países desarrollados de la OCDE.

El sistema telemático del Centro de Información y Red de Creación de Empresas (CIRCE), del Ministerio de Economía, será el encargado de reducir el plazo a menos de 72 horas. Por ahora, solo podrán acudir a él las sociedades de responsabilidad limitada, de las que se crean una media de 125 000 firmas al año (el 30% del total), según el CIRCE.

La posibilidad de constituir compañías por vía telemática empezó en 2003 pero solo podían hacerlo las que optaran por la forma jurídica Sociedad Limitada Nueva Empresa. Esta figura exige no superar los 5 socios y un capital social entre los 3012 euros y los 120 202 euros.

El objetivo es lograr que el plazo medio de tramitación sea de unas 36,5 horas, a lo que habría que añadir otras 24 horas para lograr la definitiva certificación notarial.

Esta vía rápida solo exige al emprendedor rellenar un documento electrónico frente a los 15 en papel de la tramitación actual. Además, se reducen de 8 a 2 las visitas a instituciones necesarias para completar el proceso.

La clave del buen funcionamiento de la iniciativa serán los PAIT (Punto de Asesoramiento e Inicio de Tramitación), una red que tendrá en principio 150 oficinas. Además de la visita a esta ventanilla solo se exige otra al notario. Los interesados disponen de más información en el portal *www.circe.es*.

Adaptado de *El País Negocios*

¿Qué diferencias hay entre la solicitud de creación de empresas presencial y la telemática?

4.2. | Comprensión auditiva

En la ventanilla del Registro

La Sra. Penélope Tarda ha decidido crear una empresa, para ello acude a la Cámara de Comercio con el fin de obtener información sobre los pasos a seguir. Escucha la conversación que mantuvo con el asesor de dicha institución.

1. Esta es la hoja en la que la señora Penélope (que es un poco despistada) tomó notas de la información que obtuvo en la Cámara de Comercio e Industria. A ver si puedes completar todos los datos que ella olvidó apuntar.

1. Ir a la Oficina Española de Patentes y Marcas.
2. Ir al _____.
3. Buscar un bufete de abogados.
4. Ir a la notaría para presentar los estatutos de la nueva empresa, _____, añadir la Certificación negativa del nombre de la empresa y _____.

Si es una empresa individual: pasos

1. Ir a _____ para tramitar el IAE y _____.
2. Ir a la Delegación Provincial de la Seguridad Social para _____.

Competencia intercultural

5.1. | Conocer diferentes aspectos de la Economía española

1. ¿Qué es y cómo está?

Vamos a aprender algunos conceptos relacionados con la burocracia española y la Economía. Para ello, debéis elegir ser el alumno A o B e intercambiar la información que tenéis con la de vuestro compañero.

ALUMNO A

Eres un trabajador ecuatoriano, ahora vives en España y no sabes mucho sobre la definición de algunos conceptos relacionados con la burocracia española, pero te interesaría saberlo porque estás pensando en la posibilidad de crear una empresa.

Pregúntale a un compañero tuyo de Argentina que te puede dar bastante información sobre estos aspectos.

¿Qué es?

- **Una Certificación negativa del nombre de la empresa:**

- **Una Certificación bancaria del depósito del capital social:**

- **El Impuesto de Actos jurídicos documentados:**

- **La inscripción en el Régimen de Autónomos:**

- **La Declaración censal:**

- **Una Licencia de apertura:**

- **El Impuesto de Actividades Económicas (IAE):**

¿Cómo está la situación de...?

Indicador	Penúltimo dato	Último dato	Trimestre	Comentario
PIB Y COMPONENTES DE LA DEMANDA				
Demanda nacional	3,4	3,5	3.º T.	Continúa la suave aceleración.
Consumo de los hogares	1,8	4,8	2.º T.	Crecimiento elevado y sostenido, por encima de la renta disponible.
Exportaciones de bienes y servicios	1,5	1,9	2.º T.	Ligera recuperación de las exportaciones.
Importaciones de bienes y servicios	6,6	8,0	2.º T.	Ligera recuperación también de las importaciones, por lo que la contribución del saldo exterior apenas mejora.

Indicador	Penúltimo dato	Último dato	Mes	Comentario
OTROS INDICADORES DE ACTIVIDAD Y DEMANDA				
Pernoctaciones en hoteles	4,2	5,5	Septiembre	Notable recuperación en los últimos meses.
Matriculaciones de automóviles	5,4	-8,6	Octubre	Fuerte desaceleración.
Visados. Superficie a construir	-2,5	-6,0	Agosto	Empieza a registrar tasas negativas.
Índice de producción industrial	0,5	0,5	Septiembre	El sector industrial se encuentra estancado.

Indicador	Penúltimo dato	Último dato	Trimestre	Comentario
EMPLEO Y PARO				
Ocupados a tiempo completo	3,0	3,2	2.º T.	Crecimiento muy próximo al PIB. Escaso avance de la productividad.
Ocupados EPA	5,0	5,1	3.º T.	Fuerte crecimiento aunque tiende a estabilizarse.
Afiliados a la Seguridad Social	5,5	5,7	3.º T.	Aceleración, debida a la regularización de inmigrantes.
Población activa	3,5	2,9	4.º T.	Notable desaceleración en el cuarto trimestre de este año que propició una fuerte caída de la tasa de paro.
Tasa de paro EPA	9,5	8,5	4.º T.	

Indicador	Penúltimo dato	Último dato	Trimestre/Mes	Comentario
SECTOR EXTERIOR				
Exportación de mercancías en volumen	5,0	5,2	3.º T.	La recuperación de las exportaciones no se consolida. Las importaciones se desaceleran, indicando una evolución similar de la demanda interna.
Importación de mercancías en volumen	-2,6	-3,1	3.º T.	
INDICADORES MONETARIOS Y FINANCIEROS				
Euribor a 12 meses, %	2,22	2,41	Octubre	Se espera una pronta subida de tipos.
Tipo de interés préstamos a hogares para vivienda	3,29	3,28	Septiembre	Más de medio punto por debajo de la media de la UEM.
Tipo de cambio dólares por euro	1,226	1,201	Octubre	El diferencial de tipos y de crecimiento del PIB mantienen al dólar fuerte.
PRECIOS Y SALARIOS				
Precios de consumo (IPC)	3,7	3,5	Octubre	La inflación se da un respiro en octubre debido a la caída de los precios del petróleo.
Precios de producción	4,9	5,4	Septiembre	Crecimiento elevado desde mediados del año anterior debido a la energía.
Coste laboral por unidad producida	2,4	2,5	2.º T.	Crecimiento moderado tras revisión a la baja de la nueva contabilidad nacional.

Fuente: *El País Negocios*

ALUMNO B

Eres un trabajador argentino. Hace poco tiempo que estás en España y no sabes mucho sobre cómo está la situación en este país de algunos aspectos relacionados con la Economía y te interesa mucho porque estás pensando en convertirte en un emprendedor.

Lo que sí conoces muy bien es la definición de algunos conceptos económicos.

Pregúntale a un compañero tuyo de Ecuador que te puede dar bastante información sobre estos aspectos:

¿Cómo está la situación de...?

- El PIB

- Precios y salarios

- Indicadores de actividad y demanda

- Sector exterior

- Empleo y paro

- Indicadores monetarios y financieros

• **Certificación negativa del nombre de la empresa:** consiste en la obtención de un certificado acreditativo de la no existencia de otra sociedad con el mismo nombre de la que se pretende constituir. Lugar: Registro Mercantil Central. Existe un impreso oficial normalizado, en el cual se recoge el nombre elegido hasta un máximo de tres. Hay que indicar siempre a continuación del nombre el tipo de sociedad de que se trata. El plazo de solicitud caduca a los tres meses de haberlo solicitado. Es un requisito indispensable para el otorgamiento de la Escritura Pública.

• **Certificación bancaria del depósito del capital social:** documento oficial que el banco emite una vez que se ha depositado el capital inicial que han aportado los socios para la creación de una empresa social.

• **Impuesto de Actos Jurídicos Documentados:** es un gravamen que se aplica a los actos formalizados en documentos públicos, tales como la hipoteca, la compraventa de locales comerciales, etc.

• **Inscripción en el Régimen de Autónomos:** la característica principal del Régimen de Autónomos es que se paga una cantidad fija al mes a la Seguridad Social, en función de la base de cotización elegida por el empresario autónomo, no teniendo derecho al subsidio de desempleo por el trabajo como autónomo. Actualmente se está preparando una ley para que los trabajadores autónomos, cotizando una cantidad adicional a la de la base elegida, puedan tener derecho a recibir una prestación por cese de actividad.

• **Declaración Censal:** la declaración de alta, modificación o cese (declaración censal) tiene como objetivo crear una lista de contribuyentes, en la cual aparecen "controlados" todos los sujetos pasivos con obligaciones formales.

• **Licencia de apertura:** la apertura de un establecimiento requiere la previa obtención de la Licencia de apertura, que se debe solicitar en el Ayuntamiento que corresponda según la ubicación del local en el que se pretende instalar el negocio. La concesión o no de tal licencia se verificará teniendo en cuenta cuestiones tales como actividades insalubres, molestas, nocivas, peligrosas o inocuas.

• **Impuesto de Actividades Económicas (IAE):** el Impuesto sobre Actividades Económicas es un impuesto local directo que grava el ejercicio de actividades empresariales, profesionales o artísticas, se ejerzan o no en local determinado y se hallen o no especificadas en las tarifas del impuesto.

¿Existen en tu país los términos anteriormente citados? ¿Qué términos consideras que debería conocer una persona que va a crear una empresa en tu país?

¿Es el proceso burocrático de creación de empresas parecido al de España o es diferente?

TAREA:
Informar y ser informado de todos los asuntos relacionados con la creación de una empresa y su estructura.

ROLES:
Emprendedores de una empresa / Asesor jurídico.

OBJETIVOS:

Emprendedores: conseguir información sobre los trámites burocráticos a seguir para crear la empresa. Así como establecer todo lo concerniente a la operatividad de la empresa.

Asesor jurídico: dar información relativa a las diferentes administraciones del Estado para la creación de empresas.

PREPARACIÓN:

Comenta con tus compañeros:

- ¿Cuáles son los diferentes tipos de organigrama?
- ¿Cuáles son las funciones de un organigrama?
- ¿Cuáles son las funciones de cada uno de los departamentos de la empresa?
- ¿Cuáles son los pasos para crear una empresa?
- ¿Cuáles son las funciones de los cargos en los diferentes departamentos?
- ¿Qué diferentes tipos de gráficos hay?
- ¿Qué indicadores económicos nos permiten conocer la economía de un país?
- ¿Cuáles son los términos que nos permiten hablar de la economía de un país y qué significan?
- ¿A qué organismos estatales podemos acudir para crear una empresa?

SITUACIÓN 1:

Eres un emprendedor que desea crear una empresa y por lo tanto tienes que informarte de todos los trámites burocráticos que necesitas realizar, así como el funcionamiento interno de una empresa.

Lo que debemos hacer:

- Pensar en el nombre de la empresa y en el producto que ofreces.
- Establecer las siguientes características de la empresa: tamaño, propietario, sector, ámbito geográfico y forma jurídica. (Revisar unidad 1).
- Crear el organigrama de tu empresa desde el punto de vista territorial, funcional, por producto, etc.
- Establecer cuáles son los derechos y obligaciones de los que constituyen la empresa.
- Preguntar qué trámites burocráticos se deben realizar en una notaría.
- Preguntar por los trámites burocráticos que se llevan a cabo en la Delegación de Hacienda.
- Informarnos de los trámites burocráticos que se realizan en la Delegación Provincial de la Seguridad Social y en el Ayuntamiento.
- Preguntar por los indicadores económicos del país y los términos relacionados con la creación de empresas.
- Informarse de los sectores y subsectores menos solicitados en el ámbito de creación de empresas.

Una vez que tienes clara la clasificación de tu empresa, pregúntale a un alumno de la situación 2 dónde debes informarte y después qué trámites burocráticos debes seguir.

SITUACIÓN 2:

Eres un asesor jurídico y debes dar la información solicitada por un emprendedor que necesita saber cuáles son los pasos necesarios para la creación de una empresa.

Lo que debemos hacer:

- Preguntar por las siguientes características de la empresa: tamaño, propietario, sector, ámbito geográfico y forma jurídica. (Revisar unidad 1).
- Informar de los trámites necesarios que se realizan en una notaría.
- Informar de los trámites necesarios que se llevan a cabo en la Delegación de Hacienda.
- Informar de los trámites burocráticos que se realizan en la Delegación Provincial de la Seguridad Social y en el Ayuntamiento.
- Informar de los posibles departamentos de una empresa e informar de las funciones que realiza cada uno de ellos.
- Informar de los indicadores económicos del país y los términos relacionados con la creación de empresas por medio de un gráfico.
- Dar información sobre los diferentes tipos de organigramas y sus funciones.
- Mostrar un gráfico en el que se refleje los sectores menos masificados en cuanto a creación de empresas.

Los miembros de la situación 1 (emprendedores) deben interactuar con los miembros de la situación 2 (asesores). Para ello, cada emprendedor deberá buscar información de cada uno de los asesores jurídicos, sobre los pasos que deben realizar en cada uno de los lugares de la Administración Pública.

Autoevaluación

Sección 1	Sí	No	Un poco	Preguntas/Dudas
Eres capaz de interpretar gráficos de varios tipos.				
Eres capaz de escribir y leer cantidades, porcentajes y fracciones.				

Sección 2	Sí	No	Un poco	Preguntas/Dudas
Eres capaz de usar léxico relacionado con los diferentes tipos de organigramas.				

Sección 3	Sí	No	Un poco	Preguntas/Dudas
Eres capaz de definir las distintas funciones y tareas que realizan los diferentes departamentos y cargos de una empresa.				

Sección 4	Sí	No	Un poco	Preguntas/Dudas
Eres capaz de distinguir los diferentes pasos a seguir para la creación de algunos tipos de sociedades o empresas.				

Sección 5	Sí	No	Un poco	Preguntas/Dudas
Eres capaz de definir conceptos relacionados con la Economía española y la situación actual en la que se encuentra.				

UNIDAD 3

Contratos de trabajo

1. Competencia pragmática	2. Competencia lingüística	3. Competencia sociolingüística	4. Competencia sociocultural	5. Competencia intercultural
1.1. Competencia discursiva • Cartas de recomendación	**2.1. Competencia léxica** • La nómina	**3.1. Registros** • Anuncios de trabajo y perfil del candidato	**4.1. Competencia cultural** • Tipos de contratos más comunes en España	**5.1.** Situaciones y dudas laborales
			4.2. Comprensión auditiva • En el sindicato	
Tarea final				

En esta unidad vamos a:

- Aprender a escribir una carta de recomendación y las partes de las que consta.
- Aprender el léxico relacionado con el área de las nóminas y las diferentes secciones que la componen.
- Aprender las características de los anuncios de trabajo y definir perfiles de candidatos a un puesto de trabajo.
- Conocer los tipos de contrato de trabajo más comunes en España y las características que los definen.
- Asesorarnos de las condiciones que debe contener un contrato para ser legal.
- Actuar de mediadores interculturales para informar sobre la legalidad de algunos asuntos laborales en España.

1 Competencia pragmática

1.1. Competencia discursiva

Cartas de recomendación

Según el Diccionario de la Real Academia de la Lengua Española *recomendar* significa:

1. Encargo o súplica que se hace a otro, poniendo a su cuidado y diligencia una cosa.

2. Alabar o elogiar a un sujeto para darlo a conocer a un tercero.

3. Autoridad, representación o calidad por la que hace más apreciable y digna de respeto una cosa.

1. **Después de leer la definición y según tu criterio, ¿cuál de las tres definiciones crees que se adapta mejor a una carta de recomendación?**
¿Qué o a quién se puede recomendar en una carta?

Ejemplo.- Recomendar a un estudiante.

- Recomendar _____.
- Recomendar _____.
- Recomendar _____.

2. **De los siguientes adjetivos que se enumeran a continuación, ¿cuáles serían los adecuados para una carta de recomendación?**

ineficaz • sin iniciativa • apático • tozudo • ágil • independiente • despierto • activo
innovador • impuntual • intachable • íntegro • trabajador • pasota • maleducado

POSITIVOS	NEGATIVOS

Cómo escribir una carta de recomendación

Las cartas de recomendación son frecuentes en el mundo de los negocios y el comercio, y tienen por objetivo presentar favorablemente a su portador.

En ellas se suele hacer un elogio de la persona o empresa recomendada, detallando sus méritos y capacidad profesional, explicando el interés que por dicha persona o empresa se siente y señalando el posible alcance del apoyo que se solicita.

El tono de la carta deberá ser claro, mesurado, poco retórico y muy objetivo.

Es normal entregarla abierta al portador, pero si se pide directamente a una empresa o particular resulta frecuente también que el contenido sea desconocido para la persona recomendada. En este caso, la carta será remitida por correo o correo electrónico.

La carta de recomendación consta de cuatro partes:

1. Aquí tienes un ejemplo de carta, ¿podrías completar los espacios en blanco?

Sevilla, 23 de agosto de 2014

A quien corresponda:

Tengo el _____ de recomendarle al _____ de la presente, Antonio Robles, quien acaba de _____ sus estudios de Gerencia y desea empezar a _____ como auxiliar de contabilidad, o actividad _____, en alguna _____ en Madrid.

Sus referencias, tanto de sus aptitudes _____ como de su capacidad _____ son magníficas.

Es un joven educado en un ambiente intachable y, por sus habilidades, considero que tiene un _____ porvenir.

Le quedaría sumamente _____ si pudiese usted _____ un puesto en su oficina. En caso _____, le agradecería que no olvidase la presente _____.

Le anticipo mi _____ por todo lo que usted _____ por mi recomendado.

Reciba mis _____ cordiales y recuerde que siempre _____ a su disposición.

Alfredo Manrique
Profesor de Gerencia y Administración
Universidad de Seviila

---

2. Imagina que eres el jefe de un departamento en una empresa y uno de tus empleados te pide una carta de recomendación para un futuro trabajo. Escribe una carta destacando los aspectos que creas más convenientes.

2 Competencia lingüística

2.1. Competencia léxica

La nómina

Nómina es el recibo individual y justificativo del pago del salario. Tiene dos funciones: **efectos liberatorios** para el empresario y **efectos comprensivos** para el trabajador. El recibo de salarios se refiere a meses naturales.

1. ¿A qué definición de las siguientes crees tú que corresponden los dos conceptos señalados anteriormente en negrita?

> El pago que efectúa un empresario a un empleado como compensación por su trabajo.

> Se especifica en varios apartados las diferentes secciones que componen el pago para facilitar el entendimiento de la nómina.

2. En el departamento de Recursos Humanos.

Juan es un trabajador en prácticas que ha empezado a trabajar en una empresa del sector servicios. Este mes ha recibido por primera vez una nómina pero no entiende muchos de los conceptos que se especifican en ella.

A continuación te mostramos la conversación entre Jaime, que es el jefe del departamento de administración de personal, y Juan.

Juan: Buenos días, Jaime, ¿cómo estás?

Jaime: Hola, estoy bien ¿y tú?

Juan: Bien, no me puedo quejar.

Jaime: ¿Qué te trae por aquí?

Juan: Pues verás, he recibido mi primera nómina y no me entero de nada de lo que pone. A ver si tú me puedes aclarar qué significan algunos conceptos.

Jaime: No te preocupes, eso es el pan nuestro de cada día. Casi nadie las entiende pero verás que no son tan complicadas. A ver, dime.

Juan: Bien, pues para empezar, no sé exactamente qué es **cotizar**.

Jaime: **Cotizar** es pagar una cantidad de dinero obligatoriamente a un organismo o institución estatal a modo de impuesto por haber recibido una remuneración.

Juan: De acuerdo. Otra más, bueno, entiendo que **remunerar** es prácticamente lo mismo que recompensar con dinero el trabajo que yo he realizado, ¿no?

Jaime: Exactamente, es igual que retribuir o pagar por un servicio que la empresa ha recibido por parte de un trabajador.

Juan: ¡Ah, vale! Entonces yo tengo unos beneficios y unas deudas que pagar por obtener esos beneficios.

Jaime: Exactamente, la empresa te debe **devengar** por unos conceptos que afectan a tu trabajo. Por ejemplo, el transporte de tu casa al trabajo, las pagas extras, el salario base que se ha establecido por medio de un convenio colectivo y la antigüedad que se traduce en trienios generalmente.

Juan: O sea, lo que yo percibo como sueldo consta de un salario base más unos complementos salariales.

Jaime: En parte sí, pero a los conceptos anteriores les debes **deducir** o **retener** lo que hay que pagar por el IRPF, por el desempleo, por la formación profesional y por las contingencias profesionales. Estas últimas se destinan a cubrir accidentes de trabajo y enfermedades profesionales. Por lo tanto, la empresa te debe **liquidar** cada mes el resultado obtenido de devengar y deducir todos esos conceptos.

Juan: Bueno, pues ya veo que llevabas razón, no es tan complicado. Voy a volver a mirar la nómina para ver si lo he comprendido bien. Muchas gracias.

Jaime: De nada, ya sabes donde encontrarme. Hasta luego.

 ACTIVIDADES

1. **¿Podrías decir cuáles son los sustantivos correspondientes a estos verbos?**

Verbo		Sustantivo
Cotizar	→	
Remunerar	→	
Retribuir	→	
Liquidar	→	
Devengar	→	
Deducir	→	
Retener	→	
Percibir	→	

2. **Asocia los siguientes verbos con sus definiciones correspondientes. Una definición se repite porque dos de ellos son sinónimos.**

VERBO	DEFINICIÓN
1. Cotizar	a. Saldar una cuenta.
2. Remunerar	b. Recompensar por un servicio prestado.
3. Retribuir	c. Descontar de un pago el importe de una deuda tributaria.
4. Devengar	d. Pagar la parte correspondiente de gastos colectivos, las cuotas de la Seguridad Social, etc.
5. Liquidar	e. Recibir un salario.
6. Percibir	f. Rebajar, restar, descontar alguna partida de una cantidad.
7. Deducir	g. Adquirir derecho por razón de un trabajo, servicio u otro título.
8. Retener	h. Recompensar por un servicio prestado.

3. El léxico de las nóminas es muy específico ya que algunos conceptos se utilizan particularmente con unos términos determinados. ¿Podrías indicar los conceptos que se asocian con los siguientes verbos.

TÉRMINO	CONCEPTO RELACIONADO
1. Cotizar	a. Mensual
2. Liquidar	b. De cotización
3. Percepciones	c. A la Seguridad Social/En Bolsa
4. Devengar	d. Extras
5. Pagas	e. Salarios/Intereses
6. Contingencias	f. Profesionales/Comunes
7. Remuneración	g. Una cuenta
8. Total	h. Devengado/A deducir
9. Bases	i. Salariales

4. A continuación vas a ver la estructura y contenido de las partes de una nómina. Intenta localizar y definir con tus propias palabras los siguientes términos:

1. Total devengado.
2. Líquido total a percibir.
3. Encabezamiento.
4. Devengos.
5. Total a deducir.
6. Período de la liquidación.
7. Deducciones.

Empresa: La Buenavista S.L.	Trabajador: García López Puri
Domicilio: Avda. La Fuente Seca, n.º 24	N.I.F.: 45226834-L
	N.º Matrícula: 4203
CIF: C 34869876	N.º de Afiliación: 180076399923
	Categoría: Técnico Dipl.
Cód. cta. de cotización: 81545810007	Grupo: 02
	Fecha de antigüedad: 08-02-1999

Periodo: del 1 de octubre al 31 de octubre de 2014	días: 31

I. DEVENGOS   TOTALES

1. Percepciones salariales

Salario Base	1655,73	€
Pagas Extras	275,96	€
CPP (Trienios)	122,08	€
Plus Transporte	97,16	€
A. TOTAL DEVENGADO	**2150,93**	**€**

II. DEDUCCIONES

1. Aportación del trabajador (S.S.)

Contingencias comunes	4,70	%	96,53	€
Desempleo	1,55	%	31,83	€
Formación Profesional	0,10	%	2,05	€
TOTAL APORTACIONES			**130,41**	**€**

2. Impuesto sobre la Renta de las Personas Físicas 16,00%   **328,70 €**

B. TOTAL A DEDUCIR   **459,11 €**

LÍQUIDO TOTAL A PERCIBIR   **1691,82 €**

Firma y sello de la empresa   30 de octubre de 2014

Recibí,

BASES DE COTIZACIÓN DE LA S.S. Y DEL IRPF
1. Base de cotización por contingencias comunes

Remuneración mensual	1777,81 €
Prorrata pagas extraordinarias	275,96 €
TOTAL	2053,77 €

2. Base de cotización contingencias profesionales   2053,77 €

3. Base cotización adicional por horas extras   ----------

4. Base sujeta a retención IRPF   2054,35 €

5. ¿Qué palabra del siguiente grupo no significa lo mismo que las demás?

Retribución	
Remuneración	
Paga	
Estipendio	
Salario	
Nómina	
Sueldo	

6. ¿Cuáles de estos conceptos no están relacionados con las nóminas? Márcalos con una X.

Salario Base	
Salario Neto	
Amortización	
Remuneración mensual	
Comisión de apertura	
Bases de cotización	
Comisión de cancelación	
Pagas Extras	
Horas Extras	

3 Competencia sociolingüística

3.1. | Registros

Anuncios de trabajo y perfil del candidato

1. A continuación os damos cinco fichas con perfiles de candidatos y cinco fichas con anuncios de puestos de trabajo. Dividiremos la clase en dos grupos diferentes. Un grupo será el grupo del perfil del candidato y el otro será el de anuncios de trabajo.
Una vez que los grupos estén delimitados, elegís un perfil de candidato o un puesto de trabajo de los cinco que te ofrecemos, dependiendo del grupo al que pertenezcas.

A

- Don de gentes.
- Educación Secundaria Obligatoria (ESO).
- Posibilidad de movilidad geográfica.
- Capacidad de persuasión.
- Posibilidad de adaptación a un horario flexible.
- Experiencia de un mes.

B

- Poder de liderazgo.
- Experiencia de 5 años.
- Capacidad de coordinar.
- Diplomatura.
- Aptitud para la resolución de conflictos.

C

- Conocimientos de Ciencias Exactas.
- Dominio de hojas de cálculo.
- Mucha experiencia en contabilidad.
- Ciclo formativo superior en contabilidad.

D

- Amplia experiencia.
- Manejo de herramientas y capacidad para los trabajos manuales.
- Decoración de interiores.
- Formación en bricolaje.
- Vehículo propio.

E

- Movilidad geográfica.
- Mecánico.
- Experiencia de 10 años.
- Disponibilidad absoluta.
- Permisos de conducir B, C y D.

SECCIÓN DE ANUNCIOS DE TRABAJO

1

SE NECESITA

CONDUCTOR
DE VEHÍCULOS PESADOS

Se requiere:
- Permiso de conducir B y C.
- Conocimientos de mecánica.
- Horario flexible.
- Experiencia mínima de dos años.

2

SE NECESITA

JEFE DE EQUIPO

Se requiere:
- Tener capacidad de coordinar grupos de personas.
- Diplomatura universitaria.
- Experiencia mínima de tres años.

3

SE NECESITA

CONTABLE

Se requiere:
- Manejo de hojas de cálculo.
- Título de Formación Profesional.
- Experiencia mínima de dos años.
- Conocimiento de documentos administrativos.

4

SE NECESITA

COMERCIAL

Se requiere:
- Disponibilidad absoluta.
- Don de gentes.
- Capacidad de convicción.
- No es necesaria experiencia.
- E.S.O. o Bachillerato.

5

SE NECESITA

CARPINTERO

Se requiere:
- Experiencia en el sector.
- Conocimientos de bricolaje.
- Conocimiento en fabricación de mobiliario.
- Vehículo propio.

El siguiente paso consiste en encontrar a nuestro candidato o nuestro puesto de trabajo por medio de preguntas a nuestros compañeros. Así nos aclararán si somos adecuados o no para ese puesto.

Los del grupo de anuncios de trabajo debéis pensar en otras preguntas para aseguraros de que sea el candidato ideal. Los del grupo de perfiles de candidatos debéis pensar en requisitos que exigís y condiciones laborales del puesto de trabajo que solicitáis.

2. En una selección de candidatos hay dos partes: 1.- El seleccionador, 2.- El candidato. Ambos tienen objetivos diferentes y muy claros. Señala, en su apartado correspondiente, los que pertenezcan a cada uno y continúa añadiendo más si lo consideras oportuno.

SELECCIONADOR	CANDIDATO

OBJETIVOS

- Demostrar que sabe, puede y quiere lo requerido por el perfil del puesto de trabajo.
- Predecir su rendimiento en el puesto de trabajo.
- Probar que está realmente interesado y motivado.
- Descubrir si puede, sabe y quiere ocupar el puesto.
- Demostrar su competencia laboral para el puesto.
- Averiguar si es adecuado o idóneo para el puesto.
- Causar una impresión positiva.
- Tener una buena actitud y gustar.
- Mostrar seguridad y confianza en sí mismo.
- Averiguar el potencial del candidato.
- Obtener información sobre las capacidades y aptitudes.
- Averiguar los puntos débiles a nivel personal y profesional.

3. Primero, debemos pensar individualmente qué requisito nos parece más demandado por las empresas a los aspirantes a un puesto de trabajo e intentaremos buscar las razones que nos han llevado a esa conclusión. Luego, entre todos decidiremos cuáles creemos que serían los diez requisitos más demandados.

> **Por ejemplo.-** Para mí el requisito más demandado es el de la movilidad geográfica porque es el resultado de todo el proceso de globalización que se está experimentando a nivel mundial.

4 Competencia sociocultural

4.1. Competencia cultural

Tipos de contratos más comunes en España

 ¿Cómo debe ser un contrato laboral?

Los contratos de trabajo se celebran por escrito, entendiéndose que habrá contrato de trabajo cuando exista un acuerdo entre trabajador y empresario por el que se presten unos servicios bajo la dirección y organización de este a cambio de una retribución económica.

Los contratos de trabajo que se detallan a continuación deberán constar siempre por escrito y en el modelo oficial:

- Contrato por prácticas.
- Contrato para la realización de obras o servicios.
- Contrato eventual por circunstancias de la producción.
- Contrato de interinidad.
- Contrato indefinido ordinario.
- Contrato a tiempo parcial.

Nota: Las cuatro modalidades que se establecen son: contratos indefinidos, temporales, para la formación y el aprendizaje y, por último, contratos en prácticas.

Dentro de cada una de las modalidades podemos encontrar diferentes tipos, cada uno de ellos con sus características y condiciones particulares.

http://www.sepe.es/contenido/empleo_formacion/empresas/contratos_trabajo.

En el contrato de trabajo escrito deberán constar los siguientes apartados:

- Los datos de la empresa y del trabajador.
- La fecha en la que se iniciará la relación laboral y su duración.
- El tipo de contrato que se realiza.
- El objeto del mismo, es decir, las funciones (categoría profesional) que va a desempeñar el trabajador en la empresa.
- Las condiciones en las que se va a prestar el servicio tales como el lugar (centro de trabajo), los días de la semana, el horario, la jornada laboral, etc.
- El periodo de prueba, si existiera.
- La duración de las vacaciones.
- La remuneración.
- El contrato debe ser firmado por ambas partes y presentado en la oficina del INEM (Instituto Nacional de Empleo) correspondiente.

Siguiendo las pautas sobre los distintos apartados de los que consta un contrato y según este caso práctico, ¿podrías crear el contrato correspondiente?

Caso práctico

La empresa Intermol, dedicada a la fabricación de aparatos electrónicos, ha contratado a Antonia Suárez, recién licenciada en Administración de empresas, para realizar sus prácticas en ella.

El contrato tendrá una duración de 2 años con un periodo de prueba de 6 meses, las vacaciones de Navidad, Semana Santa y verano serán las estipuladas en el Estatuto de los Trabajadores.

Las funciones de Antonia serán de administradora adjunta y su horario de 8 de la mañana a 3 de la tarde, de lunes a viernes. Su salario será de 1200 euros mensuales.

MINISTERIO
DE EMPLEO Y
SEGURIDAD SOCIAL

CONTRATO DE TRABAJO INDEFINIDO ORDINARIO

CÓDIGO DE CONTRATO

| | TIEMPO COMPLETO | 1 | 0 | 0 |

| | TIEMPO PARCIAL | 2 | 0 | 0 |

DATOS DE LA EMPRESA

CIF/NIF/NIE

| D./DÑA. | NIF/NIE | EN CONCEPTO (1) |

| NOMBRE O RAZÓN SOCIAL DE LA EMPRESA | DOMICILIO SOCIAL |

| PAIS | | MUNICIPIO | | C. POSTAL | |

DATOS DE LA CUENTA DE COTIZACIÓN

| RÉGIMEN | COD. PROV. | NÚMERO | DIG. CONTR. | ACTIVIDAD ECONÓMICA | |

DATOS DEL CENTRO DE TRABAJO

| PAIS | | MUNICIPIO | |

DATOS DEL/DE LA TRABAJADOR/A

| D./DÑA. | NIF/NIE (2) | FECHA DE NACIMIENTO |

| Nº AFILIACIÓN S.S. | NIVEL FORMATIVO | | NACIONALIDAD | |

| MUNICIPIO DEL DOMICILIO | | PAIS DOMICILIO | |

Con la asistencia legal, en su caso, de D./Dña. ....
con NIF./NIE. ...., en calidad de (3) ....

DECLARAN

Que reúnen los requisitos exigidos para la celebración del presente contrato y, en su consecuencia, acuerdan formalizarlo con arreglo a las siguientes:

CLÁUSULAS

PRIMERA: El/la trabajador/a prestará sus servicios como (4) ...., incluido en el grupo profesional / categoría / nivel profesional de ...., de acuerdo con el sistema de clasificación profesional vigente en la empresa, en el centro de trabajo ubicado en (calle, nº y localidad) ....
....

SEGUNDA: La jornada de trabajo será:

☐ **A tiempo completo**: la jornada de trabajo será de .... horas semanales, prestadas de ...., a
...., con los descansos establecidos legal o convencionalmente.

☐ **A tiempo parcial**: la jornada de trabajo ordinaria será de ...., horas ☐ al día, ☐ a la semana, ☐ al mes, ☐ al año, siendo esta jornada inferior a (marque con una X lo que corresponda):

☐ La de un/a trabajador/a a tiempo completo comparable.
☐ La jornada a tiempo completo prevista en el Convenio Colectivo de aplicación.
☐ La jornada máxima legal.
Que es de .... horas (5)

Mod. PE-170A (XIIv)

http://www.sepe.es

La distribución del tiempo de trabajo será de ....
....

Señálese, en el caso de jornada a tiempo parcial, si el contrato corresponde o no, a la realización de trabajos fijos discontínuos y periódicos que se repiten en fechas ciertas dentro del volumen normal de actividad de la empresa.

SI ☐   NO ☐

TERCERA: En el caso de jornada a tiempo parcial señalese si existe o no pacto sobre la realización de horas complementarias (6):

SI ☐   NO ☐

CUARTA: La duración del presente contrato será INDEFINIDA, iniciándose la relación laboral en fecha .... y se establece un periodo de prueba de (7) ....

QUINTA: El presente contrato se formaliza bajo la modalidad de contrato de relevo: SI ☐   NO ☐
En caso afirmativo cumplimentar el anexo «Contrato de relevo».

SEXTA: El/la trabajador/a percibirá una retribución total de .... euros brutos (8) ....
que se distribuiran en los siguientes conceptos salariales (9) ....

SEPTIMA: La duración de las vacaciones anuales será de (10) ....

OCTAVA : En lo no previsto en este contrato, se estará a la legislación vigente que resulte de aplicación, y particularmente, el Estatuto de los Trabajadores, aprobado por el R.D. Legislativo 1/1995, de 24 de marzo , y en el Convenio Colectivo de ....
....

NOVENA: El contenido del presente contrato se comunicará al Servicio Público de Empleo de .... , en el plazo de los 10 días siguientes a su concertación (11).

CLÁUSULAS ADICIONALES

Y para que conste, se extiende este contrato por triplicado ejemplar en el lugar y fecha a continuación indicados, firmando las partes interesadas.
En .... a .... de .... de 20 ....

| El/la trabajador/a | El/la representante de la Empresa | El/la representante legal del/de la menor, si procede |

2 Derechos y deberes del trabajador

Derechos del trabajador

- A la ocupación efectiva durante la jornada de trabajo.
- A la promoción y formación en el trabajo (ascensos, cursos de formación y adaptación, etc.).
- A no ser discriminado para acceder a un puesto de trabajo.
- A la integridad física y a la intimidad.
- A percibir puntualmente la remuneración acordada.
- Los demás que se establezcan en el contrato de trabajo.

Deberes del trabajador

- Cumplir las obligaciones concretas del puesto de trabajo conforme a los principios de la buena fe y diligencia.
- Cumplir las medidas de seguridad e higiene que se adopten.
- Cumplir las órdenes e instrucciones del empresario en el ejercicio de su función directiva.
- No realizar el mismo trabajo para otra empresa que desarrolle la misma actividad.
- Contribuir a mejorar la productividad.
- Los demás que se establezcan en el contrato de trabajo.

 ACTIVIDADES

1. Di si las siguientes ideas corresponden a derechos o deberes de los trabajadores.

Ideas	derechos	deberes
1. No desempeñar un trabajo igual para otras empresas que realicen la misma actividad.		
2. Igualdad en el acceso en el puesto de trabajo.		
3. Recibir cursos de formación y promoción organizados por la empresa.		
4. Cumplir las órdenes e instrucciones del empresario o de un superior.		
5. Respeto a la intimidad y protección a la integridad física del trabajador.		
6. Recibir el salario acordado puntualmente.		
7. Contribuir a mejorar la producción de la empresa.		
8. Analizar y estudiar las medidas de seguridad e higiene laborales adoptadas por la empresa.		
9. Conocer y llevar a cabo las obligaciones concretas del puesto de trabajo según los principios de la buena fe y diligencia.		

Vamos a dividir la clase en dos grupos. Uno de ellos propondrá una lluvia de ideas sobre nuevos derechos que no se han citado anteriormente y el otro sobre nuevos deberes que no están y que deberían recogerse en el Estatuto de los Trabajadores.

Una vez que hemos completado la lista tanto de derechos como de obligaciones, vamos a debatir cuales son los más y menos factibles a la hora de ponerlos en práctica.

 ## Características de distintas modalidades de contratos

Modalidad de contrato	Contrato por circunstancias de la producción
CARACTERÍSTICAS	• Para atender exigencias circunstanciales del mercado, acumulación de tareas o excesos de pedidos dentro de la propia empresa.
DURACIÓN	• Duración máxima de 6 meses que puede ser a tiempo completo o a tiempo parcial.
EXTINCIÓN	• Se extinguirá previa denuncia de cualquiera de las partes al expirar el tiempo convenido.

Modalidad de contrato	Contrato de interinidad
CARACTERÍSTICAS	• Para sustituir a trabajadores con derecho a reserva del puesto de trabajo. • Para cubrir temporalmente un puesto de trabajo durante el proceso de selección para cubrir el puesto vacante.
JORNADA	• Será una jornada completa excepto: a) cuando el trabajador sustituido estuviera empleado a tiempo parcial; b) cuando el contrato se realice para trabajadores que tengan un contrato de jornada reducida.
DURACIÓN	• La del tiempo que dure la ausencia del trabajador sustituido con derecho a la reserva del puesto de trabajo. • Cuando el contrato se realiza para cubrir un puesto de trabajo durante el proceso de selección de un candidato, no será más de 3 meses.
EXTINCIÓN	• Cuando se incorpore el trabajador sustituido. • Cuando haya sido seleccionado el candidato para el puesto de trabajo en cuestión.

Modalidad de contrato	Contrato de prácticas
CARACTERÍSTICAS	• Para personas con títulos profesionales (diplomados universitarios, licenciados, técnicos superiores de formación profesional) que no hayan transcurrido más de 4 años de la terminación de los estudios. • La retribución del trabajador será entre el 60% y el 75% del salario fijado en convenio para un trabajador que desempeñe el mismo o equivalente puesto de trabajo y no inferior al salario mínimo interprofesional. • Ningún trabajador podrá estar contratado en prácticas en la misma o distinta empresa por tiempo superior a 2 años en virtud de la misma titulación. • Si la empresa cambia el contrato a indefinido recibirá una subvención de 3500 euros.
JORNADA	• Tiempo parcial o tiempo completo.
DURACIÓN	• No podrá ser inferior a 6 meses ni superior a 2 años.
EXTINCIÓN	• Si el contrato ha tenido una duración superior al año deberá comunicarse su extinción por escrito al trabajador con una antelación mínima de 15 días.

Modalidad de contrato	Contrato por obra o servicio determinado
CARACTERÍSTICAS	• Para realizar obra o servicio con autonomía dentro de la actividad de la empresa cuya ejecución es en principio de duración incierta.
JORNADA	• Será de jornada a tiempo completo o a tiempo parcial según las características de la obra o servicio a realizar.
DURACIÓN	• Si es superior a un año, la empresa está obligada a notificar su terminación con una antelación de 15 días.
EXTINCIÓN	• Cuando se termine la obra o servicio por el que ha sido contratado.

Modalidad de contrato	Contrato por tiempo indefinido
CARACTERÍSTICAS	• Debe ser de jornada completa y para todos los días laborales del año. • Para que sea un contrato bonificado, el trabajador debe llevar al menos un año en el INEM.
DURACIÓN	• Indefinida.
EXTINCIÓN	• Si la duración del contrato es superior a un año, la parte que desee extinguirlo, deberá notificarlo a la otra parte con una antelación mínima de 15 días. Atendiendo a las causas de extinción del contrato el trabajador tendrá derecho o no a indemnización.

Modalidad de contrato	Contrato a tiempo parcial
CARACTERÍSTICAS	• Contrato cuya jornada laboral es inferior en número de horas al día, a la semana, al mes o al año, al considerado como habitual en la actividad de que se trate. • La cotización en la Seguridad Social será proporcional al salario percibido por horas reales trabajadas.
DURACIÓN	• Indefinida para trabajadores fijos o fijos discontinuos.
EXTINCIÓN	• Se rescinde previa denuncia de cualquiera de las partes al expirar el tiempo convenido, si existiera tal.

 ACTIVIDADES

1. Une estos conceptos con sus definiciones.

> Convenio • Rescisión de contrato • Subvención • Jornada completa
> INEM • Indemnización

	Oficina donde deben presentarse los contratos firmados por el trabajador y la empresa.
	Acuerdo entre dos o más partes sobre una misma cosa.
	Número de horas obligatorias que hay que trabajar a la semana. En España son 40 horas semanales.
	Contribuciones económicas que generalmente hace el Estado a las empresas para apoyarlas en sus actividades, compensarlas de una pérdida, cambio de contrato, etc.
	Compensación económica por el daño o el perjuicio que ha sufrido una persona física o jurídica como consecuencia de un siniestro, accidente, despido improcedente, etc.
	Cese de una actividad o dejar sin efecto un contrato u obligación por decisión de una o ambas partes.

2. Indica qué tipo de contrato tienen estos trabajadores.

Juan trabaja los fines de semana, que son los días de mayor afluencia de público en los grandes almacenes, y así cubre las necesidades intermitentes de la empresa para la que ofrece sus servicios.	
Antonio acaba de finalizar su formación académica y está realizando un trabajo adecuado a su nivel de estudios.	

Pedro trabaja en una fábrica de juguetes pero solamente de septiembre a diciembre, ya que se necesita más mano de obra para atender la fuerte demanda de estos artículos.	
Carmen es profesora de francés y en este momento está sustituyendo a una colega que se encuentra en el hospital por un accidente.	
Petra es profesora de español y ha sido contratada por una empresa exportadora para que diseñe un curso de interculturalidad hispano-alemana.	
Teresa piensa comprarse un piso, ya que la empresa donde trabaja le ha ofrecido un nuevo tipo de contrato que le va a dar más seguridad laboral y económica en el futuro.	

3. Formad parejas o grupos y responded a las siguientes preguntas sobre los diferentes tipos de contratos:

- ¿Cuál se adaptaría mejor a tus circunstancias personales?
- ¿Cuál ofrece más ventajas a los trabajadores?
- ¿Cuál ofrece más ventajas a los empresarios?
- ¿Cuál es el más fácil de rescindir?
- ¿Cuál compromete más a los empresarios?

4.2. | Comprensión auditiva

En el sindicato

Concha Fado es una trabajadora de una empresa textil y va a consultar con el asesor laboral Hipólito Mate algunos aspectos de su contrato laboral. Escucha la conversación que mantuvieron los dos y señala la respuesta correcta.

1. ¿En qué documento está basada la respuesta de Don Hipólito?

- ☐ a. Estatuto Laboral.
- ☐ b. Estatuto de los Trabajadores.
- ☐ c. Estatuto de los derechos.

2. Para especificar un grupo profesional se deben tener en cuenta:

- ☐ a. Las aptitudes profesionales, las titulaciones y contenido general de la prestación.
- ☐ b. La actitudes profesionales y las titulaciones.
- ☐ c. Las actitudes profesionales, las simulaciones y los contenidos prestados.

3. ¿Quién establece las distintas categorías profesionales?

- ☐ a. La empresa y el Estado.
- ☐ b. Los representantes de los trabajadores y la empresa.
- ☐ c. Los representantes de los organizadores y el Ministerio.

4. ¿Cuántas categorías profesionales se pueden incluir en una empresa?

- ☐ a. Tantas categorías como trabajadores haya en la empresa.
- ☐ b. Tantas categorías como necesidades haya en la empresa.
- ☐ c. Tantas categorías como funciones haya en la empresa.

5 | Competencia intercultural

5.1. | Situaciones y dudas laborales

Vamos a dividir la clase en dos grupos (Alumno A y B). Cada uno de los grupos debe responder a las cuestiones que les plantee su compañero en relación a algunas situaciones conflictivas enmarcadas dentro del ámbito laboral.

ALUMNO A

Te vamos a dar una serie de situaciones conflictivas relacionadas con el ámbito laboral en España. En algunas ocasiones tú tendrás que responder a las dudas que tu compañero te plantea y en otras, serás tú quien solicite la mejor solución a un problema o duda laboral.

PREGUNTA / DUDA	SOLUCIÓN
1. **Baja por enfermedad y plazo de vacaciones:** un trabajador ha estado de baja por enfermedad seis meses. Al reincorporarse, ¿cuántos días de vacaciones tiene derecho a disfrutar?	
2.	El Estatuto de los Trabajadores admite la posibilidad de que estos presten servicios para varios empresarios. No existe límite legal en el número de horas diarias o semanales de trabajo.
3. **Infarto como accidente de trabajo:** si se fallece por infarto y el dolor comienza en el trabajo, ¿puede considerarse como accidente laboral?	
4.	El Estatuto de los Trabajadores manifiesta que la empresa debe aceptar la nulidad si el trabajador no ha percibido la cantidad a la que tiene derecho en el mismo momento de la notificación del despido.
5. **La jornada máxima en cómputo anual:** cuando no existe un convenio colectivo aplicable, ¿cuántas horas deben realizar los trabajadores al año?	
6.	El derecho a unas vacaciones anuales pagadas es un derecho constitucional. El periodo de disfrute de las vacaciones se fija de común acuerdo entre el empresario y el trabajador. Por lo tanto, la decisión unilateral no es posible. No obstante, las vacaciones anuales se deben disfrutar dentro de cada año natural.

PREGUNTA / DUDA	SOLUCIÓN
7. **Salario bruto y salario neto:** ¿qué diferencia hay entre estos dos conceptos?	
8.	La empresa solo puede obtener beneficios de la Seguridad Social cuando firme un contrato de interinidad con una persona desempleada para ocupar el puesto de trabajo de la trabajadora en baja. La bonificación será del 100%.
9. **Cotizaciones sociales en el extranjero:** si te jubilas de forma anticipada, acreditando a lo largo de tu vida laboral cotizaciones en dos países, ¿por qué el Instituto Nacional de la Seguridad Social no reconoce las del país extranjero?	
10.	La edad para acceder a la pensión de jubilación en España es a los 65 años y se necesitan 15 años trabajados para acceder a la pensión. Es decir, unos 5475 días.

ALUMNO B

Te vamos a dar una serie de situaciones conflictivas del ámbito laboral en España. En algunas ocasiones tú tendrás que responder a las dudas que tu compañero te plantee y en otras, serás tú quien consulte la mejor solución a un problema o duda laboral.

PREGUNTA / DUDA	SOLUCIÓN
1.	El periodo de incapacidad temporal computa como periodo de trabajo efectivo, igual que si el trabajador hubiera continuado en activo. Por lo tanto, tiene derecho a treinta días.
2. **Límite de horas de trabajo y pluriempleo:** ¿puede un trabajador estar trabajando 8 horas diarias para una empresa y otras 8 para otra?	
3.	Sí, es un accidente laboral. Incluso aunque hubieran existido síntomas en fechas o momentos precedentes.
4. **Despido por causas objetivas:** si se ha despedido a un trabajador por causas organizativas en estado de incapacidad temporal y sin indemnización, ¿se puede anular el despido?	

PREGUNTA / DUDA	SOLUCIÓN
5.	La jornada máxima legal está fijada en cuarenta horas semanales. El número máximo de horas al año no puede superar las 1826 establecidas.
6. **Caducidad de las vacaciones anuales:** si se quieren disfrutar las vacaciones en enero del siguiente año y tu empresa te obliga a disfrutarlas antes del 31 de diciembre, ¿eso es correcto?	
7.	**Salario bruto:** el sueldo de un trabajador sin los descuentos de cuotas de la Seguridad Social y la retención del Impuesto de la Renta de las Personas Físicas. **Salario neto:** el que se percibe cuando se han realizado las deducciones y retenciones mencionadas arriba.
8. **Bonificación en baja por maternidad:** ¿obtiene beneficios de la Seguridad Social una empresa por tener a una trabajadora de baja maternal?	
9.	Cada Instituto Nacional deberá abonar la parte de pensión de jubilación que le corresponda, en función de los periodos de cotización acreditados.
10. **Cotización mínima para la jubilación:** si se acreditan 3775 días reconocidos oficialmente por la S.S., ¿cuánto tiempo habría que cotizar como autónomo para poder jubilarse y cuál es esa edad?	

¿Podrías decirnos las diferencias y semejanzas entre tu país y España en lo concerniente a los temas anteriormente citados?

Tarea final

TAREA:
- Rellenar un contrato.
- Rellenar una nómina.
- Recomendar a un trabajador.
- Crear un anuncio de trabajo y especificar el perfil del candidato adecuado.

ROLES:
Entrevistador / Entrevistado.

OBJETIVOS:
El entrevistador: seleccionar a los mejores candidatos para tu empresa con la intención de ofrecer un buen servicio.

El entrevistado: conseguir un puesto de trabajo en una empresa dedicada a la producción de aceite de oliva, entre otros candidatos que aspiran también a conseguirlo.

PREPARACIÓN:

Comenta con tus compañeros:

- ¿Qué puntos destacaríamos en una carta de recomendación?
- ¿Qué características debe tener un anuncio de trabajo?
- ¿Qué es una nómina y de qué partes consta?
- ¿Qué adjetivos se adecuan mejor para definir a un candidato?
- ¿Qué distintos tipos de contratos hay y qué características tienen?
- ¿Qué dice la ley en relación a determinados conflictos y dudas laborales tales como accidentes laborales, bajas, despido, etc.?
- ¿Cuáles son algunos de los derechos y obligaciones de los trabajadores?

ALUMNO A:

Somos personal administrativo de una empresa que se dedica a la producción de aceite de oliva llamada La Almazara. Necesitamos nuevos empleados, ya que las expectativas de producción son muy buenas y va a haber una gran demanda. Por lo tanto necesitamos contratar a buenos profesionales de distintas áreas.

Necesitamos:

- 1 licenciado en Química.
- 1 diplomado en Informática.
- 1 secretaria bilingüe (español - inglés).
- 1 encargado de mantenimiento.
- 1 transportista.
- 1 guarda jurado.

Lo que debemos hacer:

- Crear la nómina para cada uno de los puestos.
- Ver qué tipo de contrato vamos a hacerle a cada uno de ellos.
- Crear el contrato para cada puesto y rellenarlo.
- Crear un anuncio de oferta de empleo expresando impersonalidad.

- Pensar en el perfil de los candidatos que buscamos.
- Dejar clara la filosofía de la empresa en lo concerniente a áreas tales como maternidad, vacaciones, salario bruto y neto, despidos, límite de horas, accidentes laborales, bajas, etc.
- Ver qué áreas necesitan ser explicadas al candidato de una manera más detallada.

Manos a la obra:
- Analizar las distintas partes de la estructura de la nómina.
- Hacer un análisis de los diferentes tipos de contrato como, por ejemplo, el contrato a tiempo parcial, contrato de interinidad, etc. y ver cuál se adapta mejor a cada cargo.
- Analizar los derechos y obligaciones de los trabajadores.
- Analizar la estructura de un contrato, así como el léxico relacionado con cada una de las partes que lo componen.
- Diseñar la estructura del anuncio y buscar que tenga gancho.
- Leer la carta de recomendación que nos entrega el candidato para ver si su perfil se adapta o no a nuestras expectativas.
- Ver los rasgos que se adaptan mejor al candidato que buscamos en nuestro anuncio de trabajo.
- Informarnos de lo que dice el Estatuto de los Trabajadores en lo concerniente a los derechos y obligaciones de los candidatos en áreas que pueden resultar conflictivas.

Una vez finalizadas estas tareas buscaremos a un compañero (Alumno B) y le haremos una entrevista laboral con objeto de ver si es un trabajador adecuado a uno de los puestos de trabajo que ofertamos.

ALUMNO B:

Acabamos de finalizar nuestros estudios. Deseamos trabajar en una empresa que se dedica a la producción de aceite de oliva. Necesitan nuevos empleados para cubrir ciertos puestos vacantes. Por lo tanto, buscan a buenos profesionales de distintas áreas y categorías:

Necesitamos:
- 1 licenciado en Química.
- 1 diplomado en Informática.
- 1 secretaria bilingüe (español - inglés).
- 1 encargado de mantenimiento.
- 1 transportista.
- 1 guarda jurado.

Lo que debemos hacer:
- Asignar a cada uno el título que necesita y el puesto que desea solicitar.
- Elaborar una carta de recomendación en la que se expongan nuestras aptitudes, experiencia laboral, rendimiento, etc.
- Ver qué tipo de contrato es el más adecuado para nuestro puesto.
- Leer el anuncio de oferta de empleo para ver si respondemos al perfil exigido.
- Tener en cuenta áreas tales como maternidad, vacaciones, salario bruto y neto, despidos, límite de horas, accidentes laborales, bajas, etc. en relación a nuestro perfil profesional.
- Pensar en preguntas que nos permitan obtener toda la información necesaria relacionada con nuestro puesto de trabajo.

Manos a la obra:
- Debemos asignar quién va a ser cada uno de los personajes.
- Hacer un análisis de los diferentes tipos de contrato como, por ejemplo, el contrato a tiempo parcial, contrato de interinidad, etc. y ver cuál se adapta mejor a cada perfil.
- Informarnos de lo que dice el Estatuto de los Trabajadores en lo concerniente a nuestros derechos y obligaciones como trabajadores.

Una vez finalizadas estas tareas buscaremos a un compañero (Alumno A) que nos hará una entrevista laboral con objeto de ver si eres un trabajador adecuado a uno de los puestos de trabajo que oferta.

Sección 1	Sí	No	Un poco	Preguntas/Dudas
Eres capaz de interpretar cartas de recomendación.				
Eres capaz de escribir cartas de recomendación.				

Sección 2	Sí	No	Un poco	Preguntas/Dudas
Eres capaz de usar léxico relacionado con las nóminas y de distinguir las distintas partes de las que se componen.				

Sección 3	Sí	No	Un poco	Preguntas/Dudas
Eres capaz de definir a un candidato para un anuncio de trabajo concreto.				

Sección 4	Sí	No	Un poco	Preguntas/Dudas
Eres capaz de distinguir los diferentes tipos de contratos y las características que los definen.				

Sección 5	Sí	No	Un poco	Preguntas/Dudas
Eres capaz de actuar de mediador cultural en algunas situaciones laborales en España.				

UNIDAD 4

El mundo laboral

1. Competencia pragmática	2. Competencia lingüística	3. Competencia sociolingüística	4. Competencia sociocultural	5. Competencia intercultural
1.1. Competencia discursiva • Cartas de empleo o presentación • El currículum vitae	**2.1. Competencia léxica** • Cargos y puestos de trabajo • Profesiones	**3.1. Registros** • Modismos y expresiones relacionadas con el mundo laboral	**4.1. Competencia cultural** • La entrevista de trabajo **4.2. Comprensión auditiva** • En una entrevista de trabajo	**5.1.** La asesoría intercultural
Tarea final				

En esta unidad vamos a analizar cómo enfrentarnos al mundo laboral. Para ello, debemos aprender lo siguiente:

• Cómo escribir una carta de presentación.
• Cómo preparar/redactar un currículum vitae.
• Funciones y características de algunos cargos y puestos.
• Las profesiones menos conocidas.
• Cómo hablar y qué tipo de lenguaje usar en ciertas situaciones laborales.
• Cómo enfrentarnos a una entrevista laboral en España.
• Cómo mejorar la capacidad de hacer comprender a otros la cultura empresarial española.

1 Competencia pragmática

1.1. | Competencia discursiva

Cartas de empleo o presentación

La carta de empleo constituye el complemento ideal para mostrar tu personalidad, tus intereses e inquietudes y tu afán por formar parte de una empresa que lleva a cabo el proceso de selección de personal. Es un arma idónea para conquistar al seleccionador.

Hay dos tipos de cartas de empleo:

a) La carta que el candidato envía a una empresa en respuesta a una oferta de empleo.

b) La carta en la que el candidato solicita ser tenido en cuenta para futuras selecciones del personal de una empresa.

Estrategias para escribir ambas cartas:

- La carta ha de ser breve y el estilo sencillo, claro y directo.
- También debe ser persuasiva: el seleccionador debe pensar que para ti la empresa es importante.
- Vende tus cualidades, poténcialas en detrimento de tus carencias.
- Demuestra que conoces las funciones para el puesto que demandas.
- Recuerda que el mejor vendedor es el que reconoce las necesidades de su cliente.

 Expresiones y abreviaturas para elaborar una carta

Saludos

- Estimado(s) señor(es):
- Estimada señora:
- Apreciado(s) señor(es):
- Muy Sr. mío:
- Estimada Sra. García:

Motivo

- Me dirijo a Vd.(s.) para...
- A raíz del anuncio publicado en...
- A propósito de la oferta de trabajo publicada en...
- Con motivo de...
- Me pongo en contacto con Vd.(s.) a fin de solicitar...
- Mediante esta carta me gustaría solicitar...

Despedida

- Reciba un cordial saludo,
- Le(s) saluda atentamente,
- Muy cordialmente,
- En espera de respuesta, reciba un cordial saludo,
- Agradecería la oportunidad de poder presentarme ante Vd.(s.) para poder ampliar toda la información que necesite(n),
- Le(s) agradecería que me concediera(n) una entrevista para poder tratar más ampliamente los puntos que Vd.(s.) crea(n) oportunos.

---

2 Modelos de carta de empleo

Una carta típica consta de tres secciones:

- La primera sección debe captar la atención del lector. Si se escribe en respuesta a una oferta de trabajo, tiene que hacer referencia al anuncio y al empleo ofrecido.
- La segunda sección sirve para explicar el interés del candidato por la empresa y su experiencia laboral. También debe indicarse por qué el perfil del candidato se adapta a las necesidades profesionales de la empresa.
- La tercera sección debe destacar el interés del candidato para ser invitado a una entrevista de trabajo.

A

Cerveza Sincolor
Paseo de la Castellana, 77
28009 Madrid
Ref.: LX04

7 de marzo de 2014

Estimados señores:

Me dirijo a ustedes en relación al anuncio publicado en el diario *El País* con fecha de 6 de marzo del presente en el que solicitan jefes de ventas.

Les ofrezco mis servicios para cubrir dicho puesto, ya que puedo encajar en su departamento comercial por la experiencia que he adquirido en una empresa del mismo sector durante los dos últimos años, desempeñando las labores de jefe de ventas.

En espera de su respuesta, reciba un atento saludo,

María Sánchez
C/ San Fernando, 57- 4.ºA
41003 Sevilla

Anexo: Currículum Vitae

B

Almacenes Robledo
Plaza Jardines, 14
18009 Granada

7 de marzo de 2014

Estimados señores:

Me pongo en contacto con ustedes a fin de expresar mi interés por trabajar en una empresa como la suya.

He tenido conocimiento de que están ampliando su departamento financiero, y creo que la experiencia que he adquirido durante los últimos cinco años en mis anteriores trabajos puede hacerme un candidato idóneo para los objetivos de su departamento.

Les agradecería que me concedieran una entrevista para poder ampliar todos los puntos que ustedes crean oportunos.

Gracias anticipadas por su interés.

Atentamente,

Pedro Salmerón
C/ Buenavista, 10
37003 Salamanca

Anexo: Currículum Vitae

1. De las dos cartas modelo, ¿podrías especificar cuál corresponde a la contestación de una oferta de trabajo y cuál a la de una candidatura?

2. ¿Qué diferencias contextuales puedes apreciar entre las dos?

3. Escoge entre las frases siguientes las que sean más apropiadas para una carta de empleo:

a) Acuso recibo de su orden de subscripción y le expresamos nuestro agradecimiento.	☐
b) Agradecería la oportunidad de poder presentarme ante ustedes para poder ampliar toda la información que necesiten.	☐
c) Adjuntamos la documentación correspondiente, y les recordamos una vez más que debe ser tratada confidencialmente.	☐
d) Es un placer para nosotros comunicarle el éxito alcanzado en la Feria de Muestras, que se debe en gran parte a su gran profesionalidad.	☐
e) A la espera de recibir pronto sus noticias, le saluda atentamente,	☐
f) De acuerdo con la conversación que mantuvimos por teléfono, le envío toda la información solicitada.	☐
g) Me dirijo a ustedes en relación al anuncio de trabajo publicado en *El Mundo*.	☐
h) Quiero agradecerle sinceramente el amable trato recibido por el departamento de *marketing* en mi última visita.	☐

4. Relaciona las palabras de una columna con sus sinónimos correspondientes en la otra.

1. Aceptar	**a.** Conseguir
2. Apreciado	**b.** Dar las gracias
3. Respuesta	**c.** Ser miembro de
4. Obtener	**d.** Permanecer
5. Mantener	**e.** Estar a cargo de
6. Pertenecer a	**f.** Contestación
7. Ocuparse de	**g.** Excepcional
8. Extraordinario	**h.** Últimamente
9. Agradecer	**i.** Estimado
10. Recientemente	**j.** Admitir

5. Completa los espacios en blanco de esta carta con el vocabulario del recuadro.

> publicado • comprobarán • estimados • requerido • relación
> solicitan • adjunto • puesto • proporcionarles • respuesta • diseñador

☐ señores:

Me dirijo a ustedes en ☐ al anuncio ☐ en el periódico *El País* del día 5 del presente, en el que ☐ un programador.

Como ☐ al leer el CV ☐, mi formación y experiencia corresponden a este tipo de ☐ ya que poseo el título ☐ y he ocupado el puesto de ☐ de programas en una empresa internacional durante ocho años.

Quedo a su disposición para ☐ toda la información adicional que ustedes crean oportuno.

En espera de su ☐, les saluda atentamente,

Juan Alberto Cino
Paseo del Prado, 53 - 4.° C
10008 Málaga

Anexo: Currículum Vitae

6. Empareja los elementos de la columna A con los de la columna B para obtener expresiones que luego te serán útiles a la hora de escribir tu carta de presentación.

A	B
1. Proceso	a. de trabajo.
2. Adquirir	b. una vacante.
3. Cursar	c. experiencia.
4. El puesto	d. los requisitos.
5. Conceder una	e. de selección.
6. Reunir	f. estudios.
7. El perfil	g. de empleo.
8. Experiencia	h. entrevista.
9. Cubrir	i. laboral.
10. La oferta	j. profesional.

7. Redacta una carta de presentación en respuesta a una oferta de trabajo. Además de tu imaginación puedes usar los datos que te damos:

Empresa: Aerosur.
Dirección: Plaza Nueva, 7, 18009 Granada.
Puesto: Analista de Sistemas.

Anuncio: revista *El Mundo de los Negocios*.
Fecha del anuncio: 8 de marzo de 2014.

El currículum vitae

El currículum tiene como finalidad generar una entrevista de trabajo, así que debe ser un documento atractivo y que aporte información interesante para un futuro empleador.

El currículum es un historial con datos personales objetivos, formación, experiencia profesional y conocimientos con los cuales se pueden demostrar las habilidades y los logros personales.

 1 **Presentación del currículum vitae**

- Cuidar la limpieza, tipografía y ortografía, márgenes, papel. Si el currículum acompaña a la carta de presentación ambos deben adoptar un estilo similar tanto en formato como en contenido.
- El currículum no debe incluir portada.
- No se debe incluir la fecha de redacción ni debe firmarse.
- Evitar el envío de fotocopias del original.
- Nunca debe superar dos páginas.

 2 **¿Qué es lo que debe incluirse en un currículum vitae?**

1. Datos personales
- Nombre y apellidos.
- Fecha y lugar de nacimiento.
- Domicilio.
- Teléfono.
- Correo electrónico.
- DNI.
- Nacionalidad (para extranjeros).
- Número de pasaporte (para extranjeros).
- Permiso de residencia (para extranjeros).

2. Formación académica
- Estudios realizados.
- Títulos obtenidos y especialidad.
- Centro donde se cursaron los estudios.
- Cursos complementarios.
- Asistencia a congresos, seminarios, etc.

3. Experiencia laboral
- Tareas laborales desarrolladas, acompañadas del periodo de duración y de la compañía donde se han desarrollado.

4. Idiomas
- Idiomas que se manejan.
- Grado de conocimiento oral y escrito.
- Título obtenido y centro que lo expide.

5. Otros conocimientos
- Certificados de cursos realizados (informática, etc.).
- Detalles de programas informáticos que se dominan.

6. Otros datos de interés
- En este apartado se debe indicar conocimientos que pueden aportar al currículum del candidato un valor adicional en el proceso de selección. Por ejemplo, carné de conducir, coche propio, disponibilidad para viajar, aficiones, etc.

3 Tipos de currículum

1. Currículum vitae cronológico
Este modelo presenta información partiendo de la experiencia laboral más antigua y concluyendo con la más reciente.

Se usa para:
- Destacar el progreso en el ámbito laboral.
- Cuando se tiene escasa experiencia laboral.
- Cuando no se quiere cambiar de línea de trabajo.

2. Currículum vitae cronológico inverso
Presenta la información del candidato comenzando por la experiencia laboral más reciente y terminando por la más antigua. Permite resaltar las últimas experiencias que suelen ser las que más interesan a los empleadores.

Se usa para:
- Candidatos con cierta experiencia laboral, pero cuando sus últimos puestos de trabajo son los que pueden interesar más al futuro empleador.

3. Currículum vitae funcional
Este modelo presenta la información por temas y proporciona un conocimiento rápido de la formación y experiencia en un campo determinado.

Se usa:
- Cuando el candidato se dirige a una empresa sin conocer si existe una vacante ajustada a su perfil profesional.
- Para destacar los puntos positivos, trabajos y funciones que se ajusten al puesto solicitado.
- Para poner de relieve aquellas empresas en las que se ha trabajado desempeñando funciones relacionadas con el puesto al que se aspira.
- Cuando se han producido periodos de desempleo.

Ejemplos de currículum vitae

CURRÍCULUM VITAE

Datos Personales

Nombre y apellidos: Teresa Ruiz Maldonado
Fecha de nacimiento: 25 de noviembre de 1978
Lugar de nacimiento: Sevilla, España
Domicilio: Plaza del Sol, 14-A, 08020 Barcelona
Teléfono: 93 748 54 32
DNI: 8745321- P
Correo electrónico: terumal@hotmail.es

Formación Académica

1996 - 2000	Licenciada en Filología Hispánica por la Universidad de Sevilla.
2000 - 2001	Curso de Aptitud Pedagógica para ejercer la docencia. Universidad de Sevilla.
2002	XII Curso de verano sobre Literatura hispanoamericana en la Universidad de Salamanca.
2002	Jornadas y seminarios sobre Historia y Literatura de la Generación del 27 en España, organizadas por la Universidad Complutense de Madrid.
2003	Congreso de Literatura sobre Antonio Machado organizado por la Universidad de Santiago de Compostela.

Experiencia Profesional

2002 - 2004   Clases de Lengua y Literatura españolas a alumnos de B.U.P. en el Colegio Fénix de Sevilla.

2003 - 2004   Clases particulares a alumnos con dificultades de aprendizaje.

2005   Becaria de la Universidad de Sevilla en tareas de colaboración de corrección de estilo en la elaboración del *Diccionario Lexicográfico de la Lengua Castellana*, publicado por la editorial Futuro.

2007 - ahora   Desempeño de funciones de correctora de estilo y supervisora de edición en la editora Tauste, en Valenciia. Mi trabajo consiste en revisar originales, traducir y corregir textos.

Idiomas

Francés: Diploma nivel superior, 1995.

Inglés: Diploma *Proficiency*, 1997.

Alemán: Conocimientos básicos.

Otros Conocimientos

- Manejo de Windows y Office a nivel usuario.
- Redactora de artículos para la revista universitaria *El Escribiente* de la Facultad de Filosofía y Letras de la Universidad de Valencia.

 B

CURRÍCULUM VITAE

Datos Personales

Nombre y apellidos: Ana Bregón Martín
Fecha de nacimiento: 17 de marzo de 1964
Lugar de nacimiento: San Sebastián, España
Domicilio: C/ Picasso, 26. 28016 Madrid
DNI: 6745321 T
Teléfono: 654 89 74
Correo electrónico: anabn@hotmail.com

Nivel de Estudios y Titulación Profesional

Soy licenciada en Psicología por la Universidad de Barcelona, donde obtuve una nota media global de sobresaliente, y me especialicé en Psicopatología.

Otros Estudios

Durante los años 1990-91 realicé dos cursillos sobre Psicología del Lenguaje, de 20 horas cada uno, organizados por la Escuela de Expresión y Lenguaje.

En 1991 comencé el Máster en Psicología y Psicopatología Clínica, que organizaba la Fundación S. Freud de París, terminando dicho Máster en 1993.

Formación Práctica

He realizado prácticas como psicóloga en la consulta del neuropediatra Dr. Antonio Sánchez, del Hospital Real en Granada, observando los casos clínicos de niños con deficiencias mentales. Gracias a esta experiencia tuve la oportunidad de ponerme en contacto con las terapias aplicadas a la psicología infantil.

Estuve también realizando prácticas como psicóloga en el Hospital Infantil de Niño Jesús de Barcelona. Asimismo, he llevado a cabo durante ocho meses prácticas de psicodiagnóstico infantil en el mismo hospital.

Actividades Extraprofesionales

Tengo conocimientos sobre tratamientos de textos *Word Perfect*. También poseo el título de Primeros Auxilios, concedido por la Cruz Roja en 1988.

Experiencia Laboral

He trabajado en calidad de psicóloga, durante dos años, en el Centro de Psicología y Orientación Profesional en Huelva, ayudando e informando a los jóvenes estudiantes sobre técnicas y hábitos de estudio con el fin de mejorar su rendimiento académico.

He trabajado en el Centro de Orientación e Integración del Joven de Jaén en la elaboración de un programa de ayuda a los jóvenes con problemas familiares o de marginación social.

Idiomas

Tengo un nivel alto en inglés y alemán, y los títulos respectivos de la Escuela Oficial de Idiomas.

ACTIVIDADES

1. ¿Podrías indicar a qué tipo de currículum vitae corresponde cada uno de los ejemplos anteriormente dados?

2. ¿Qué currículum vitae te interesa enviar en respuesta a una oferta de trabajo, si acabas de licenciarte y tu experiencia profesional se limita a dos veranos trabajando en una misma empresa como voluntario para adquirir experiencia?

3. Redacta un currículum vitae cronológico inverso para el empleo que se cita en el anuncio siguiente. Imagínate que tu perfil profesional se ajusta a las exigencias de esta oferta de empleo y te interesa solicitarlo.

Empresa dedicada a Publicidad selecciona para su oficina en Madrid

JEFE DE PROMOCIÓN

Requerimos:
– Profesional entre 27 y 35 años con buena presencia.
– Formación universitaria en Publicidad o *Marketing*.
– Experiencia en la comercialización de soportes publicitarios, así como estar familiarizado con el entorno de las Agencias de Publicidad.
– Conocimientos a nivel usuario de Windows y Office.
– Imprescindible vehículo propio.

Ofrecemos:
– Incorporación inmediata en plantilla.
– Buen ambiente laboral.
– Plan de formación permanente.

Interesados enviar CV a Taurus, calle Blas Infante, 43. 28009 Madrid, indicando referencia: jp007

2.1. | Competencia léxica

Cargos y puestos de trabajo. Profesiones

1. Ordena las siguientes palabras relacionadas con distintos tipos de profesiones. **Ejemplo:** ñilalba = albañil

oritano ➡		ditore ➡	
cotanibo ➡		distaesta ➡	
rojeca ➡		porterero ➡	
tablecon ➡		yerojo ➡	
coplodimati ➡		catebliobirio ➡	
misconoeta ➡		tivitorcul ➡	
runojaci ➡		cutaliso ➡	

2. Asocia las siguientes profesiones con su función correspondiente.

> **1.** Perforador • **2.** Agente de Bolsa • **3.** Auditor • **4.** Biotecnólogo • **5.** Asegurador
> **6.** Fresador • **7.** Urbanista • **8.** Litógrafo • **9.** Soldador • **10.** Tasador

	a. Su función consiste en certificar la corrección de las cuentas de las empresas y el cumplimiento de los procedimientos establecidos en la empresa.
	b. Es el que fija los precios y presupuestos de productos o servicios de una organización según la situación del mercado, sus objetivos estratégicos y el cálculo del coste.
	c. Es el que debe crear el proceso gráfico de varios documentos.
	d. Su trabajo consiste en operar con máquinas de varios tipos para labrar metales en superficies mayoritariamente planas empleando máquinas de moler y otras herramientas no rotativas.
	e. Es el que lleva a cabo una amplia gama de actividades relacionadas con la investigación y el uso de procesos biológicos para obtener y/o refinar bienes de consumo en la industria alimentaria, agricultura, ganadería y ecología.
	f. Su trabajo consiste en unir piezas de metal.
	g. Es un trabajador que se especializa en realizar agujeros en diversos materiales hasta alcanzar altos niveles de precisión.
	h. Es una persona que realiza trabajos de información, comercialización y administración en diversos departamentos de empresas de seguros.
	i. Su trabajo consiste en gestionar y supervisar la compra y venta de títulos, valores, acciones, bonos del Estado, etc.
	j. Es el que diseña un concepto de cómo se podría desarrollar una ciudad, u otra zona, para que se conserve, para dar un apoyo a las políticas de urbanismo y al uso de los servicios públicos y de transporte.

3. La palabra *puesto* tiene varias acepciones. Una de ellas está relacionada con la posición laboral que una persona ocupa en una empresa. Además de esta acepción te vamos a dar otros usos de esta palabra y deberás especificar a qué alude y si es posible buscar un sinónimo.

a) Manuel va hoy muy *puesto* porque va a una entrevista de trabajo y tiene mucho interés en trabajar en esa empresa.

b) Al final Jesús decidió que lo suyo era ser autónomo y compró un *puesto* de churros.

c) Juan será un buen contable porque está muy *puesto* en Matemáticas.

d) Inditex ocupa uno de los mejores *puestos* en la Bolsa de Valores española.

e) En el Ejército cada soldado sabe dónde está su *puesto*.

f) No hice el informe *puesto* que al final lo canceló el director en el último momento.

4. Colocaciones.

Para conocer nuevos términos relacionados con el mundo laboral, asocia los conceptos de la columna de la izquierda con los de la derecha.

1. Despido	**a.**	por enfermedad.
2. Baja	**b.**	improcedente.
3. Darse de	**c.**	público.
4. Categoría	**d.**	activa.
5. Convocatoria	**e.**	una entrevista.
6. Concurso	**f.**	una nómina.
7. Concertar	**g.**	en plantilla.
8. Población	**h.**	alta.
9. Domiciliar	**i.**	profesional.
10. Trabajador	**j.**	pública de empleo.

Una vez que has asociado los elementos de cada columna intenta crear un titular periodístico para cada uno de los conceptos.

Ejemplo.- Se ha realizado una convocatoria pública de empleo para cubrir 330 puestos de trabajo.

3 | Competencia sociolingüística

3.1. | Registros

Modismos y expresiones relacionados con el mundo laboral

1. El mundo del trabajo posee una gran riqueza léxica, ya que puede hablarse de él desde una perspectiva formal o informal. Vas a leer informaciones de diferentes personas sobre el trabajo. Localiza las palabras que pertenecen al campo léxico del mundo laboral y clasifícalas según el tipo de registro al que pertenecen.

REGISTRO FORMAL	REGISTRO INFORMAL

a) Juan. *Albañil*

Currar no es algo que le guste a nadie y menos cuando en la paga de fin de mes ves que no tienes pasta suficiente para tapar todos los agujeros. Está uno todo el día *pringao* de sol a sol como un esclavo y acabas hecho polvo. Para colmo no tengo tiempo ni para comerme el bocata porque el jefe siempre nos está metiendo bulla. Después de echar el jornal lo único que hago es tumbarme en el sofá para ver el fútbol.

b) Luisa. *Abogada*

El mundo de la abogacía nos ofrece un amplio abanico de posibilidades. Nuestra labor consiste en la defensa de los intereses de nuestros clientes. En el bufete siempre hay alguien disponible para atenderlos personalmente o coger los mensajes. El sueldo se corresponde con el horario y la jornada laboral. Consecuentemente, me parece que los abogados no nos podemos quejar de la equivalencia de salarios.

c) Estopa. *Soldador*

Saco de mi cartera una tarjeta y ficho. Son dos minutos tarde, vaya día que me espera. Me pongo un mono de esos que no se nota la mierda, comienzo a fusionarme con un robot que pega unos chispazos de miedo, aquí pican las prensas que más de un dedo se han llevado. Me despierta el encargado que hoy viene acelerado, se ha levantado con el pie izquierdo. Muy pocos ceros en mi nómina ilegal, yo como he firmado un contrato no puedo parar.

Adaptado de la canción "Pastillas de freno" de Estopa.

d) Antonio. *Funcionario*

Lo que quiero expresar es mi disconformidad con la burocracia, los obstáculos, los sistemas, la administración de mi trabajo y las pocas posibilidades de crecer en mi carrera profesional, los incentivos, las pagas extra. Quiero más flexibilidad, más pago por resultados, menos burocracia, mejor gestión, jefes más hábiles, en resumen, más profesionalidad.

e) **Adelaida.** *Representante sindical* ——————————————————————

> Los sindicatos opinan que el Gobierno sigue contemplando con complacencia una situación de bonanza económica construida sobre bases poco sólidas. El crecimiento económico se basa en los sectores menos productivos, que hacen un uso intensivo de mano de obra barata y poco cualificada.

Te ofrecemos a continuación la definición de una expresión para cada una de las situaciones anteriores. ¿Puedes decir a qué expresión se refieren?

Definición	Expresión
1. Realizar la jornada laboral.	a.
2. Término que establece el salario a percibir en relación al nivel de estudios.	b.
3. Justificación personal de asistencia y puntualidad al trabajo.	c.
4. Remuneración que el trabajador percibe dos veces al año.	d.
5. Conjunto de asalariados de un país o de un sector.	e.

2. **A continuación te vamos a dar una serie de refranes y expresiones que guardan una estrecha relación con el trabajo. También te damos lo que significan, pero eso lo deberás intuir tú.**

REFRANES	SIGNIFICADO
1. A quien madruga, Dios le ayuda.	a. Cada profesional o trabajador tiene su propia forma de hacer las cosas.
2. Quien mucho abarca, poco aprieta.	b. En la época estival el turismo, la agricultura y otros sectores tienen su temporada alta y es cuando más dinero se puede ganar.
3. Cada maestrillo tiene su librillo.	c. No tiene trabajo y por lo tanto no tiene ganancias.
4. Donde manda capitán no manda marinero.	d. Aquellos que hacen varias tareas a la vez es probable que no tengan éxito en su realización por no poder concentrarse por completo en todas ellas.
5. No hay mejor lotería que el trabajo y la economía.	e. En cualquier organización jerarquizada el mando corresponde a aquellas personas que están situadas en lo más alto de la jerarquía.
6. Zapatero a tus zapatos.	f. Se dice cuando realizamos una tarea con rapidez y sin pensar demasiado en ello.
7. Dicho y hecho.	g. Se utiliza esta expresión para llamar la atención a alguien con la intención de que se concentre en su propia actividad.
8. Sin oficio ni beneficio.	h. Tanto el ahorro como el trabajo son dos formas seguras de obtener beneficios.
9. Hacer el agosto.	i. Aquellos que son trabajadores tendrán más posibilidad de tener éxito económico que aquellos que se quedan durmiendo hasta tarde.

Ahora te vamos a plantear una serie de situaciones y tú tendrás que decidir cuál de los refranes anteriores consideras que es el más adecuado.

SITUACIÓN	
1. Una madre no está contenta porque su hijo sale todas las noches y se levanta muy tarde.	☐
2. Un señor que tiene 50 años no tiene trabajo ni posesiones.	☐
3. Una señora ha obtenido más ganancias en su empresa que las que obtiene habitualmente.	☐
4. Un trabajador actúa como si fuera el director de la empresa.	☐
5. Una compañera de tu trabajo utiliza los juegos de azar para intentar aumentar sus ahorros y ganancias.	☐
6. Estás hablando con un amigo que dice que te va a ayudar a realizar una tarea pero no le ves intención de hacerlo.	☐
7. Una compañera realiza una tarea de una manera diferente a como la haces tú.	☐
8. Un trabajador está interfiriendo en una tarea que no le corresponde a él porque debe dedicarse a otra.	☐
9. Tu compañero está intentando realizar tres actividades a la vez con la intención de salir antes de trabajar, pero ninguna la hace bien.	☐

3. Te vamos a dar algunas frases célebres relacionadas con el mundo laboral. ¿Con cuáles de ellas estás de acuerdo y con cuáles no? Razona tu respuesta.

a) El trabajo en equipo es existencial. Te permite echarle la culpa a otro. *Anónimo.*

b) Al trabajo le llaman virtud los que no tienen que trabajar, para engañar a los que trabajan. *Rusiñol.*

c) Cuando el trabajo es un placer, la vida es bella pero cuando nos es impuesto, la vida es una esclavitud. *Máximo Gorki.*

d) Trabajo deprisa para vivir despacio. *Montserrat Caballé.*

e) Un hombre inteligente es aquel que sabe ser tan inteligente como para contratar gente más inteligente que él. *J. F. Kennedy.*

4 Competencia sociocultural

4.1. Competencia cultural

La entrevista de trabajo

La entrevista de trabajo suele ser el último peldaño que un candidato debe superar para conseguir un puesto de trabajo. Saber las reglas del juego puede darle el empujón final.

1 Preparación de la entrevista

Antes de acudir a una entrevista debes comprobar si has preparado los siguientes puntos:

- Infórmate qué conocimientos, habilidades y rasgos de personalidad se requieren para desempeñar el puesto solicitado.
- Evalúa tus puntos fuertes y débiles.
- Elabora un argumento para defender los puntos menos favorables de tu currículum.
- Infórmate sobre la empresa, o al menos acerca de sus productos, su mercado, su competencia, su política, etc.
- Razona por qué quieres trabajar en esa empresa así como los aspectos concretos que te atraen de ella.
- Piensa en preguntas para el entrevistador acerca del puesto que pretendes conseguir.
- Piensa cuánto deseas / necesitas ganar en este trabajo.

2 En la entrevista

- Mantén la empatía con el entrevistador observando sus reacciones, tanto verbales como no verbales (físicas).
- Haz hincapié en los beneficios que podrías aportar si consiguieras el puesto.
- Si no conoces la respuesta a una pregunta, no temas decirlo, nadie es perfecto.
- Reserva algunos puntos fuertes para el final de la entrevista.
- Tómate tu tiempo, piensa tus respuestas y permanece relajado.
- Escucha con atención todo el tiempo.
- Pregunta cuando te surjan dudas.
- Tus respuestas deben ser concisas, relevantes y precisas.
- Si debes dar una explicación larga, exponla en partes.
- Nunca hables durante más de dos minutos.
- Si crees que te están provocando, mantén la calma, algunos entrevistadores quieren ver cómo reaccionas bajo estrés.
- Al final de la entrevista, agradece a tu entrevistador por su tiempo.
- Analiza la entrevista y piensa en lo que hubieras hecho diferente si pudieras repetirla, te será útil para futuras experiencias similares.

3 Posibles preguntas en la entrevista

- ¿Qué busca en el trabajo?
- ¿Qué factores le motivan para solicitar este puesto?
- ¿Por qué quiere trabajar para esta organización?
- ¿Cuáles son sus objetivos profesionales a largo plazo?
- ¿Cuál ha sido el principal logro conseguido en su carrera profesional?
- ¿Cuáles son sus puntos fuertes / débiles?
- ¿Cómo ha superado alguna dificultad con sus colaboradores?
- ¿Por qué cree que es un buen candidato para este puesto?
- ¿Cuál es su valor añadido?
- ¿Qué prefiere, el equipo o el individuo?
- ¿Qué hace en situaciones de máximo estrés?

4 Expresiones útiles para la entrevista

Para romper el hielo

- ¡Tienen ustedes un edificio muy bonito!
- El tráfico en la ciudad es un poco caótico.
- ¿Le molesta que tome notas?

Para aclarar información

- Perdón, me gustaría tener más información sobre...
- ¿Le importaría aclararme...?
- ¿Podría hablar un poco más sobre…?
- ¿Qué quiere decir exactamente con...?

Para pedir que repita

- Perdón, ¿podría repetir la pregunta?
- ¿Lo que quiere decir es que...?
- ¿Se refiere a…?
- ¿Lo que usted propone es...?
- No sé si lo he entendido bien, ¿lo que usted propone es...?

Para añadir información

- Me gustaría comentar también…
- Sería conveniente aclarar...
- ¿Podría volver a ese punto?
- Volviendo a la pregunta sobre_____ quisiera añadir_____.

Para despedirse

- Gracias por darme esta oportunidad.
- Ha sido un placer conocerle(s).
- Gracias por recibirme.
- Gracias por dedicarme su tiempo, ¿quedamos en que ustedes me llaman?

1. Además de ir mentalmente preparado para una entrevista de trabajo, ¿qué otros aspectos se deben tener en cuenta para causar una buena impresión a primera vista?

2. Estos adjetivos y sustantivos pueden ser útiles en una entrevista para explicar tu experiencia profesional, tus habilidades, cualidades, aspiraciones, etc. Clasifica los siguientes conceptos en uno de los tres apartados.

diferente • iniciativa • apasionante • capacidad organizativa • fácil • difícil • original • creativo • seriedad • peligrosocomprometido • interesante • experiencia • carné de conducir profesionalidad • licenciatura • conocimientos de Informática • coche propio • creatividad • eficacia • dinamismo • don de gentes • sentido de la responsabilidad • formación académica • flexibilidad • movilidad • saber idiomas • estimulante• vivir en el extranjero

Es un trabajo	Es una profesión/trabajo que requiere/necesita	Valor añadido

3. En una entrevista de trabajo.

A continuación te damos un extracto de una entrevista de trabajo que Paco Lega ha hecho para trabajar de administrativo en una compañía de seguros. Analízala y explica cuáles son los errores que se han cometido por parte de ambos, teniendo en cuenta las pautas de la entrevista que hemos analizado anteriormente.

E. –¡Buenos días! Perdone pero no tengo mucho tiempo para entrevistarle.

P. –No pasa nada.

E. –¿Qué busca en este trabajo?

P. –Bueno, pues es que me he presentado a las oposiciones de Auxiliar administrativo tres veces y no he aprobado, y he pensado que aquí sería más fácil. Así puedo conseguir algo de estabilidad laboral e independencia.

E. –¿Cuáles son sus puntos fuertes?

P. –La verdad es que tengo muchos pero así, en general, podría decir que no soy egoísta, soy amigo de mis amigos, vital, espontáneo y responsable.

E. –¿Cuál es su valor añadido?

P. –La tolerancia y la paciencia. Casi nunca me enfado, aunque eso no quiere decir que no lo haya hecho nunca, porque a veces con mi hermana discuto, pero yo creo que no es porque yo no tenga paciencia sino porque nunca piensa en lo que dice y se cree que siempre tiene la razón.

E. –Usted habla inglés y francés, ¿verdad?

P. –No. En mi currículum especificaba que hablo y escribo inglés correctamente.

E. –¿Qué funciones realizaba usted en sus anteriores trabajos?

P. –Pues de todo, aunque en teoría era administrativo, en la práctica he hecho de todo, desde llevarle el café a mis superiores hasta contestar las llamadas telefónicas. Lo que más he hecho ha sido encargarme de archivar documentos y enviar la correspondencia.

E. –Muy bien, debo dejarle, ya le comunicaremos nuestra decisión pero ahora me tengo que ir.

P. –La verdad es que me gustaría que me dieran una respuesta ahora para saber si tengo que seguir buscando o no, pero bueno…

E. –Me temo que eso no va a ser posible. Hasta luego.

P. –Vale, adiós.

4.2. | Comprensión auditiva

 En una entrevista de trabajo

A continuación vas a escuchar la entrevista de trabajo que Genoveva Torres Altas hizo para los grandes almacenes *Me da la corriente, S.A.* Esta empresa se enmarca dentro del sector terciario. En esta ocasión se entrevista con el director de Recursos Humanos D. Honorato Bailén y el puesto que solicita es el de encargada del área de atención al cliente.

Escucha la entrevista y contesta a las siguientes preguntas.

1. **¿Cómo ha conseguido D. Honorato romper el hielo al principio de la entrevista?**

2. **¿Qué trabajos realizó la candidata en Edimburgo y en qué consistían?**

3. **¿Qué le agradaba más de su trabajo en Edimburgo?**

4. **¿Cuáles fueron las mayores aportaciones de Genoveva en dicho trabajo?**

5. **¿Cuáles son los objetivos laborales de Genoveva a corto y largo plazo?**

 5 | # Competencia intercultural

5.1. | La asesoría intercultural

Vamos a hacer una simulación entre un candidato que tiene unas preguntas sobre algunas situaciones incomprensibles que le han ocurrido en una entrevista laboral (Alumno A) y un trabajador que intenta informarle del porqué de esas situaciones (Alumno B).

ALUMNO A

Imagínate que vienes a buscar trabajo a España y le pides ayuda como mediador intercultural a un amigo porque no entiendes la causa de algunos hechos que te han extrañado en una entrevista de trabajo que has realizado.

Pregúntale a tu amigo el porqué de la actitud de los directivos españoles para que la próxima vez estos aspectos no supongan un choque cultural para ti.

SUCESO OCURRIDO	¿QUÉ PASÓ?
En una entrevista de trabajo, el señor que le ha entrevistado ha dicho: "Ya le llamaremos", pero no le han llamado y ya han pasado dos semanas desde que hizo la entrevista.	
En la entrevista de trabajo no le han preguntado sobre las aportaciones futuras que podría realizar en la empresa y solamente se han limitado a analizar las titulaciones y los cursos de formación que ha realizado.	

SUCESO OCURRIDO	¿QUÉ PASÓ?
Mientras se hacía la entrevista, la secretaria ha entrado dos veces al despacho para consultarle al director algunos asuntos. En esos momentos tu amigo estaba hablando y el director ha dejado de escucharle y ha dirigido la atención a la secretaria.	
Cuando se ha levantado al terminar la entrevista, le ha dado las gracias por las molestias que se ha tomado, pero el director se ha limitado a decir: "Sí, ya le llamaremos". Por lo tanto, tu amigo ha pensado que ha sido una grosería y se ha molestado porque su cortesía no ha sido correspondida. Él piensa que cada vez que alguien dice "gracias" se debe responder "de nada".	

ALUMNO B

Imagínate que un amigo viene a buscar trabajo a España y te pide ayuda como mediador intercultural porque no entiende la causa de algunos hechos que le han extrañado. Él te dirá qué le ha pasado y tú intentarás explicarle el porqué de la actitud de los directivos españoles para que la próxima vez estos aspectos no supongan un choque cultural para él.

SUCESO OCURRIDO	¿QUÉ PASÓ?
	Explícale a tu amigo que en España al finalizar las entrevistas de trabajo se suele decir esa expresión, pero que no lo debe interpretar literalmente porque eso no quiere decir que sea seguro que le vayan a llamar.
	España es un país en donde los títulos, cursos y certificados realizados por el candidato son los aspectos que más se valoran junto a otros tales como la experiencia. Por el contrario, en otros países el potencial que el trabajador pueda aportar a la empresa es un parámetro que se tiene más en cuenta a la hora de seleccionar o no a un candidato.
	Uno de los rasgos de la cultura española es que se caracteriza por ser policrónica, es decir, se suele hacer más de una actividad a la vez. Por lo tanto, sería importante dejarle claro a tu amigo que no debe molestarse en estas situaciones porque son comunes. Dale como ejemplos que es probable que esté hablando con alguien y un tercero les interrumpa o que puede estar hablando con alguien y que suene el teléfono y deje de atenderle en ese momento.
	En España tanto el agradecimiento verbal como las respuestas a este no son tan comunes como en otros países.

TAREA:
- Crear una serie de preguntas enfocadas a hacer una entrevista de trabajo para seleccionar personal.
- Escribir un currículum vitae.
- Prepararse para hacer una entrevista de trabajo.

ROLES:
Entrevistador / Entrevistado.

OBJETIVOS:
El entrevistador: seleccionar los mejores candidatos para tu hotel con la intención de ofrecer un buen servicio.

El entrevistado: conseguir un puesto de trabajo en un hotel entre muchas personas que aspiran también a conseguirlo.

PREPARACIÓN:
Comenta con tus compañeros:
- ¿Qué posibles preguntas os pueden hacer?
- ¿Cuáles son los pasos para escribir un currículum vitae?
- ¿Qué actitud debemos adoptar ante los entrevistadores?
- ¿Qué adjetivos se adecuan mejor para definirnos?
- Preguntar por las condiciones laborales, salario y vacaciones.

Comentad en grupo:
- ¿Qué perfil es el más idóneo para cada puesto de trabajo?
- ¿Qué preguntas nos permiten reconocer mejor a la persona que estamos buscando?
- Crear diferentes preguntas para cada puesto ofrecido.
- Describir las funciones y deberes de cada uno de los puestos.
- Hablar del tipo de contrato laboral que ofrecemos.
- Pensar en expresiones y léxico que correspondan a un registro formal.

ALUMNO A:
Somos personal de un hotel de cuatro estrellas llamado Hogar, dulce hogar. Necesitamos nuevos empleados para el próximo verano, ya que las expectativas son muy buenas y en temporada alta va a haber una gran demanda. Por lo tanto, necesitamos contratar a buenos profesionales de distintas áreas, como por ejemplo:

Necesitamos:
- Monitor/a de aeróbic.
- Camarero/a.
- Fisioterapeuta.
- Socorrista.
- Animador/a sociocultural.
- Relaciones públicas.

Lo que debemos hacer:
- Crear el organigrama de la empresa con los cargos y las funciones que le corresponden a cada uno.
- Ver qué tipo de contrato vamos a hacerle a cada uno de los puestos.
- Crear un anuncio de oferta de empleo público.
- Preparar la entrevista de trabajo.

Manos a la obra:
- Debemos asignar quién va a ser el director general, secretaria de dirección, gerente, director de Recursos Humanos, etc.
- Hacer un análisis de los diferentes tipos de contratos, como por ejemplo, por obra o servicio por circunstancias de la producción, etc. y ver cuál se adapta mejor a cada cargo o puesto que ofertemos.
- Diseñar la estructura del anuncio y buscar que tenga gancho.
- Hacer una lista de posibles preguntas y seleccionar las que creamos más completas a la hora de captar el perfil profesional del candidato.
- Pensar en expresiones y términos que pertenecen al registro formal empleado en las entrevistas laborales.

ALUMNO B:

Somos personas que desean trabajar en un hotel llamado *Hogar, dulce hogar*. Necesitan nuevos empleados para el próximo verano ya que las expectativas son muy buenas y en temporada alta va a haber una gran demanda. Por lo tanto, necesitan a buenos profesionales de distintas áreas, como por ejemplo:

Necesita:
- Monitor/a de aeróbic.
- Camarero/a.
- Fisioterapeuta.
- Socorrista.
- Animador sociocultural.
- Relaciones públicas.

Lo que debemos hacer:
- Asignar a cada uno el puesto que desea solicitar.
- Elaborar el currículum vitae.
- Ver qué tipo de contrato es el más adecuado para nuestro puesto.
- Leer el anuncio de oferta de empleo público para ver si respondemos al perfil exigido.
- Preparar la entrevista de trabajo.

Manos a la obra:
- Debemos asignar quién va a ser cada uno de los personajes.
- Hacer un análisis de los diferentes tipos de contratos, como contrato por obra o servicio, por circunstancias de la producción, etc., y ver cuál se adapta mejor a cada cargo.
- Elaborar el currículum vitae exponiendo nuestros datos personales, estudios realizados, experiencia laboral, etc.
- Hacer una lista de posibles preguntas que os podrían hacer en la entrevista de trabajo.
- Pensar en expresiones y términos que pertenecen al registro formal empleado en las entrevistas laborales.

Autoevaluación

Sección 1	Sí	No	Un poco	Preguntas/Dudas
Eres capaz de escribir y entender una carta de presentación en un registro formal.				
Eres capaz hacer un currículum vitae y conoces las partes en que se divide.				

Sección 2	Sí	No	Un poco	Preguntas/Dudas
Eres capaz de describir cuáles son los puestos y cargos principales y secundarios de una empresa y sus correspondientes funciones.				
Conoces la mayoría de las profesiones que existen en el mercado laboral en España e Hispanoamérica.				

Sección 3	Sí	No	Un poco	Preguntas/Dudas
Eres capaz de utilizar en un registro informal expresiones relacionadas con el mundo laboral.				

Sección 4	Sí	No	Un poco	Preguntas/Dudas
Eres capaz de enfrentarte a una entrevista laboral en España e Hispanoamérica.				

Sección 5	Sí	No	Un poco	Preguntas/Dudas
Eres capaz de hacer comprender a un extranjero algunos aspectos peculiares de la entrevista laboral en España e Hispanoamérica.				

UNIDAD 5

El comercio

1. Competencia pragmática	2. Competencia lingüística	3. Competencia sociolingüística	4. Competencia sociocultural	5. Competencia intercultural
1.1. Competencia discursiva • Cartas comerciales II: carta de pedido, envío de fondos, acuse de recibo, reclamación y ofertas	**2.1. Competencia léxica** • Los términos comerciales internacionales: Incoterms	**3.1. Registros** • El comercio y sus componentes	**4.1. Competencia cultural** • Las ferias internacionales en España • Motivos para concurrir a una feria	**5.1.** El lenguaje no verbal y los choques culturales
			4.2. Comprensión auditiva • Participación en una feria	

Tarea final

En esta unidad vamos a:

- Saber cómo escribir diferentes tipos de cartas comerciales.
- Ampliar el conocimiento del léxico relacionado con la importación y la exportación.
- Mejorar nuestro conocimiento de la jerga del comercio y de sus componentes.
- Conocer las ferias que se celebran en España y el proceso para participar en ellas.
- Evitar posibles choques culturales relacionados con el lenguaje no verbal.

1.1. | Competencia discursiva

Cartas comerciales II

A través de la correspondencia comercial las empresas se comunican con los clientes y los proveedores.

La carta comercial debe estar escrita con:
- Claridad.
- Precisión.
- Corrección.
- Cortesía.
- Prudencia.

Esquema de una carta comercial:

Encabezamiento
- Membrete.
- Fecha.
- Dirección interior/destinatario.
- Asunto.
- Referencia.
- Línea de atención.
- Saludo : *Estimado/a señor/a:*
             Distinguidos señores:

Cuerpo de la carta

Dependiendo del modelo de la carta, se suele empezar con ciertas fórmulas establecidas. Aquí presentamos algunas:

- *En contestación a su carta de fecha 5 del presente le hemos remitido su orden de pedido…*
- *Nos es grato comunicarles…*
- *Por la presente queremos informarles de…*
- *Acusamos recibo de…*
- *Con fecha 13 de enero hemos recibido la mercancía número…*
- *Lamentamos sinceramente lo ocurrido…*
- *Nos vemos en la necesidad de solicitar una aclaración sobre…*
- *Le agradecemos se sirva enviarnos un cheque por valor de…*
- *De acuerdo con las especificaciones hechas en su carta de fecha…*

Cierre

- Despedida: *Quedamos a su disposición y le(s) saludamos muy atentamente.*
  Aprovecho la oportunidad para saludarle(s) cordialmente...
- *Firma.*
- *Nombre del responsable de la carta.*
- *Cargo o título del que la firma.*
- *Iniciales de identificación.*
- *Anexo.*
- *Posdata (opcional).*
- *Indicaciones sobre el envío de copias a otras personas.*

 # ACTIVIDADES

1. **Une cada concepto con su definición.**

1. Membrete	**a.** Empleo en el que alguien trabaja, puesto o dignidad que uno ocupa.
2. Logotipo	**b.** Unido o agregado a otra cosa.
3. Referencia	**c.** Aquello que se añade a una carta ya concluida y firmada.
4. Anexo	**d.** Nombre o título de una persona, oficina o corporación, estampado en la parte superior del papel de escribir.
5. Cargo	**e.** Distintivo formado por letras y/o imágenes, abreviaturas, etc., específico de una empresa, corporación, marca o producto.
6. Posdata	**f.** Combinación de signos que identifican un documento u objeto para su clasificación.

2. ¿Podrías identificar en esta carta todos los elementos que la componen siguiendo el esquema de su estructura explicado anteriormente?

MUNDIAVISIÓN
Avenida Los Pájaros, 145
08024 BARCELONA
Teléfono: 93 543 675
Fax: 93 543 676
ESPAÑA

INFORMAC
Santa Paula, 88
28004 MADRID

Barcelona, 20 de enero de 2014

Asunto: Acuse de recibo

A la atención de D. Pedro Cienfuentes
n/ref. IMP/143

Estimado señor:

Acusamos recibo en el día de hoy del envío realizado por ustedes correspondiente a nuestro último pedido de 70 ordenadores –Inves XZ– que les cursamos con fecha del día 3 del actual.
Adjunto les remito el cheque n.º 874539132690 del banco TPX por la cantidad de 70 000 euros (setenta mil euros) para liquidar el saldo total del importe de la factura, tal como habíamos acordado previamente.
Les ruego que a la mayor brevedad posible me remitan su acuse de recibo.
Sin otro particular, le saluda muy atentamente.

Andrés Pomelo Días
Jefe del Dpto. de compras

APS/jc
Anexo: un cheque del banco TPX, n.º 874539132690

---

3. Formatea el encabezamiento de una carta con los siguientes datos. Una vez que el encabezamiento esté formateado, escribe la carta completa teniendo en cuenta el asunto que ya has especificado en el encabezamiento.

- Membrete: Mercamóm, S.A.; Dirección: C/ Juan Ramón Jiménez, 123; Ciudad: Segovia; Código Postal: 40004; Número de teléfono 921 345 876; Fax: 921 345 867; Correo electrónico: mercamom@hotmail.com
- Dirección interior: Intermás, S.L.; C/ Plaza Blanca,13; Ciudad: Málaga; Código postal: 29001.
- Asunto: Acuse de recibo de mercancías.
- Línea de atención: Departamento de Ventas.
- Saludo: Estimados señores.

Abreviaturas de uso frecuente en la correspondencia comercial:

Apdo. : apartado postal.	fra. : factura.
a/c. : a cuenta.	f./f. : fecha factura.
acept. : aceptación.	G/P. : giro postal.
admón. : administración.	L/. : letra de cambio.
ap. : aparte.	Ldo. : licenciado.
art. : artículo.	m/v. : meses vista.
Bco. : banco.	m/c. : mi cuenta.
Cgo. : cargo.	m/f. : mi favor.
Cert. : certificado.	mín. : minuto.
c/c. / cta. cte. : cuenta corriente.	n/escrito : nuestro escrito.
dto. : descuento.	P/. : pagaré.
d/f. : días fecha.	P.A. : por autorización.
d/v. : días vista.	P.O. : por orden.
doc. : documento.	P.D. : posdata.
dupl. : duplicado.	p.p. : porte pagado.
efvo. : efectivo.	P.V.P. : precio de venta al público.
E/pag. : efecto a pagar.	ref. : referencia.
E/cob. : efecto a cobrar.	s/ref. : su referencia.
E/neg. : efecto a negociar.	s/n. : sin número.
E.P.M. : en propia mano.	s/escrito : su escrito.
e/. : envío.	vto. : vencimiento.
ext. : exterior.	
fdo. : firmado.	

4. ¿A qué término se refieren las siguientes abreviaturas?

s/ref.		Bco.	
admón.		E/cob.	
e/.		Fdo.	
G./P.		P.V.P.	
fra.		ext.	

5. ¿Qué abreviaturas se corresponden con estos conceptos?

por autorización		aceptación	
cuenta corriente		mi favor	
documento		duplicado	
en propia mano		apartado postal	

2 Competencia lingüística

2.1. | Competencia léxica

Los términos comerciales internacionales: Incoterms

¿Qué son los Incoterms?

Los Incoterms o *International Commerce Terms* son unas reglas internacionales que sirven para interpretar los términos comerciales más usuales en las transacciones internacionales entre un vendedor (exportador) y un comprador (importador).

¿Qué aspectos delimitan los Incoterms?

Los Incoterms tratan de delimitar con precisión cuatro aspectos:
1. la entrega de las mercancías;
2. el reparto de gastos entre exportador (vendedor) e importador (comprador);
3. la transferencia de riesgos entre ambos en el transporte de la mercancía;
4. los documentos que el exportador debe proporcionar al importador.

Sin embargo, a pesar de su enorme importancia para el cumplimiento del contrato de compraventa, los términos comerciales no se ocupan, en ningún caso, de aspectos tales como la transmisión de la propiedad, el incumplimiento del contrato y sus consecuencias o la exoneración de responsabilidades debidas a diversas causas. Todas estas cuestiones deben resolverse a través de otras estipulaciones del contrato de compraventa o de la ley que le sea aplicable.

¿Cómo se clasifican los Incoterms?

En general, puede decirse que cada uno de los términos, once en total, comenzando por el del grupo E y finalizando por los del grupo D, implican un paso más en el compromiso entre las dos partes, especialmente del vendedor. En esta sección nos dedicaremos a analizar un solo tipo en cada uno de los grupos de clasificación.

El término E

- **EXW (franco fábrica)**, significa que el vendedor realiza la entrega de la mercancía cuando la pone a disposición del comprador en su propio establecimiento o en otro lugar convenido (fábrica, almacén, etc.), sin despacharla para la exportación ni cargarla en un vehículo receptor (lógicamente enviado por el comprador). Este último asume, de esta manera, todos los costes y riesgos en relación con la recepción de la mercancía en los locales del exportador. Lo utilizan, normalmente, empresas sin experiencia en comercio internacional o que carecen de infraestructura comercial en el exterior.

Los términos F

Estos términos implican para el vendedor la obligación de entregar las mercancías para el transporte de acuerdo con las instrucciones del comprador.

- **FOB (franco a bordo).** El vendedor realiza la entrega cuando la mercancía sobrepasa la borda del buque en el puerto de carga convenido. Siendo esto así, el comprador asume, desde aquel punto, todos los costes y riesgos de pérdida o daño de la mercancía. El vendedor ha de despachar la mercancía para la exportación. Este término solo puede ser usado para el transporte por mar o vías navegables interiores.

Los términos C

Los términos C se diferencian de todos los demás en que tienen dos aspectos críticos: el primero indica el punto en el que el vendedor debe encargarse del transporte y asumir los costes normales; el segundo indica el momento a partir del cual los riesgos de pérdida o avería de las mercancías, así como los costes adicionales debidos a hechos acaecidos después de la carga y despacho, recaen sobre el comprador.

- **CIF (coste, seguro y flete).** El vendedor realiza la entrega cuando la mercancía sobrepasa la borda del buque en el puerto de embarque convenido. El vendedor debe pagar los costes y el flete necesarios para llevar la mercancía al puerto de destino convenido, pero el riesgo de pérdida o daño de la mercancía, así como cualquier coste adicional debido a sucesos ocurridos después del momento de la entrega, se transmiten del vendedor al comprador. No obstante, en condiciones CIF, el vendedor debe también procurar un seguro marítimo para los riesgos del comprador por pérdida o daño de la mercancía durante el transporte. El término CIF exige al vendedor despachar la mercancía para la exportación.

Los términos D

Los términos de este grupo aparecen expresados en contratos que se denominan de llegada, frente a los ya vistos términos C, propios de contratos de salida, concluidos con el embarque. Se trata de cuatro tipos, según la gradación de responsabilidad del vendedor, de menor a mayor. En todos ellos, de todas formas, el vendedor responde de la llegada de la mercancía al lugar de destino, ya sea un punto en la frontera o dentro del país de importación, y ha de asumir la totalidad de riesgos y costes para hacer llegar la mercancía hasta dicho destino. A continuación damos las características de uno de los contratos.

- **DAF (entrega en frontera).** El vendedor cumple con su obligación cuando, una vez despachada la mercancía en la aduana, la entrega en el punto y lugar de la frontera convenida, antes de rebasar la aduana fronteriza del país colindante, y sin asumir la responsabilidad de la descarga. Es de vital importancia la definición exacta de la frontera en cuestión, designando siempre el punto y el lugar convenidos a continuación del término DAF (por ejemplo DAF La Junquera). Este término suele emplearse únicamente para el transporte terrestre, aunque también podría utilizarse para otros tipos de transporte. El despacho de importación corre a cargo del comprador.

 ## ACTIVIDADES

1. Los Incoterms se relacionan con cuatro áreas principalmente. Responde si entran dentro de sus funciones o no los siguientes aspectos.

	SÍ	NO
1. El embalaje adecuado o no de la mercancía.		
2. El lugar donde se debe realizar la entrega de la mercancía.		
3. Delimitación de quién paga el transporte de la mercancía.		
4. Asegurarse de la legalidad de la mercancía transportada.		
5. Asegurarse de que la mercancía enviada es la correcta en cuanto a cantidad de unidades.		
6. La documentación necesaria que el transportista debe llevar al cruzar la aduana.		
7. Delimitar en qué momento de la entrega se transfieren responsabilidades entre el vendedor y el comprador.		
8. Especificar quién asume los riesgos de transporte de la mercancía.		
9. Gestionar la documentación necesaria del exportador al importador.		
10. Especificar la forma de pago.		

2. A continuación te ofrecemos una serie de casos prácticos en los que deberás decidir cuál es el Incoterm que mejor se adapta a la situación. Razona la respuesta.

Caso 1

> Has firmado un Incoterm en el que debes realizar una entrega en tu propio establecimiento. En el contrato el comprador asume todos los costes y riesgos en relación a la recepción de la mercancía que se realizará en tus propios locales.

Caso 2

> Has firmado un acuerdo en el que, como vendedor, terminas de entregar la mercancía cuando esta sobrepasa la borda. El comprador asume en estos momentos los costes de pérdida o daño de la mercancía.

Caso 3

> En este caso, como vendedor, la entrega de la mercancía se dará por terminada en la frontera convenida. Además, no asumes la responsabilidad de la mercancía a partir de este punto. Los riesgos de pérdida y daños de la mercancía o cualquier otro coste adicional después de la entrega pasan a ser responsabilidad del comprador directamente.

3. Rellena el siguiente cuadro marcando con una x la modalidad de transporte de cada Incoterm.

INCOTERM	marítimo	terrestre	multimodal
EXW			
FOB			
CIF			
DAF			

3 Competencia sociolingüística

3.1. Registros

El comercio y sus componentes

El comercio se define como la negociación que se hace comprando y vendiendo mercancías o servicios con fines lucrativos.

El trayecto que estas mercancías siguen desde la fábrica hasta el consumidor se denomina canales de distribución. Podemos encontrar dos tipos distintos de canales de distribución dependiendo del número de participantes en el proceso de comercialización. Los participantes que actúan en un canal de distribución suelen ser los fabricantes o productores, los intermediarios y los consumidores. Dentro de los intermediarios, a su vez, podemos encontrar dos variantes: los mayoristas o vendedores al por mayor, y los minoristas o vendedores al por menor o al detalle. La diferencia entre ambos está basada estrictamente en la cantidad de productos o bienes que se venden.

Dentro de los tipos de productos que un intermediario puede comercializar tenemos dos: los bienes de equipo y los bienes de consumo. Los primeros, también llamados bienes de capital, son aquellos destinados al uso industrial, mientras que los segundos se dividen en bienes de consumo duraderos y perecederos, dependiendo de la corta o larga duración del producto en sí.

Teniendo en cuenta todos estos factores podemos encontrar dos modalidades de canales de distribución:

La primera la componen los canales de distribución cortos y son aquellos en los que interviene el fabricante, el comprador y en algunos casos, como mucho, un intermediario. Generalmente los bienes de equipo se comercializan por medio de este tipo de canal de distribución. Por el contrario, en los bienes de consumo suelen participar como mínimo el fabricante, el consumidor y dos o más intermediarios; por esa razón esta segunda modalidad se denomina canal de distribución largo.

ACTIVIDADES

1. **Completa el siguiente esquema para resumir la información del texto anterior.**

2. **A continuación te damos una serie de productos y tú tendrás que decidir qué tipo de canal de distribución seguirán dichos productos.**

PRODUCTO	CANAL DE DISTRIBUCIÓN	TIPO DE BIENES
Un par de zapatos.		
Una máquina para hacer masa de pan.		
Cámara frigorífica industrial.		
Un kilo de patatas.		

PRODUCTO	CANAL DE DISTRIBUCIÓN	TIPO DE BIENES
Una mesa.		
Una grúa.		
Una empacadora.		
Unos pantalones.		
Un kilo de tomates.		
Una botella de aceite.		

3. **¿A qué concepto de los expuestos en el texto anterior se están refiriendo las expresiones en negrita de estas conversaciones?**

Un panadero negocia con un fabricante

Panadero: ¡Hola, buenos días! Quería comprar una máquina para uso industrial que me permita fabricar pan en cantidades industriales.

Vendedor: Sí, claro. Fabricamos ahora unas que son fáciles de instalar y salen muy rentables, ¿quiere verlas?

Un comerciante conversa con un agente de la Cámara de Comercio

Agente de la Cámara de Comercio: ¿Con qué intenciones quiere usted crear su empresa?

Comerciante: El objetivo que persigo al crear mi empresa es ganar dinero.

Un fabricante de calzado habla con uno de sus distribuidores

Distribuidor: ¿Cómo desea usted que realicemos la distribución de sus productos?

Fabricante: Yo prefiero que el recorrido de los zapatos que fabrico sea lo más simple posible. No me gusta que pasen por un circuito con muchos intermediarios porque encarece el producto.

Un vendedor de juguetes que va a una fábrica a comprar

Comprador: ¿Es usted un vendedor de productos en grandes cantidades?

Fabricante: Sí, efectivamente soy el que lleva los productos del fabricante al vendedor.

Una señora en la frutería de un mercado

Señora: Deme un kilo de tomates porque aunque duran poco me gustan maduros.

Vendedor: ¡Hombre, claro! Los tomates no son como los televisores, que nunca se pasan, pero son de excelente calidad.

Además de los intermediarios que ya conocemos, existen otros que pueden realizar diferentes funciones.

Hay dos tipos de auxiliares de comercio, los agentes libres y los agentes colegiados.

1. **Los agentes libres** son unos auxiliares comerciales que reciben un porcentaje de los beneficios obtenidos en una operación comercial por actuar como mediadores de terceros.

   Dependiendo del tipo de actividad que realicen existen dos grupos diferentes:

   a. **Los comisionistas.** En este grupo podemos encontrar a los agentes de aduanas cuya función consiste en realizar los trámites aduaneros y de tránsito de las mercancías. Otro tipo de agentes de este grupo pueden ser los comisionistas de mercancías que son los que se encargan de comprar al por mayor para un minorista. El tercer tipo lo forman los consignatarios de buques, los cuales reciben las mercancías en el puerto de llegada y deben hacerlas llegar a su destino final. Estos tres tipos reciben un porcentaje por su labor que se denomina comisión.

   b. **Los corredores.** En este grupo el porcentaje de beneficio se recibe dependiendo de que la operación comercial se realice con éxito. El beneficio por mediar en una operación comercial exitosa puede provenir del comprador, del vendedor o de ambas partes. Los tipos de corredores que nos podemos encontrar son los agentes inmobiliarios, que intervienen en la compraventa de inmuebles, los corredores de seguros cuya función consiste en vender los diferentes tipos de seguros en nombre de una o varias compañías aseguradoras. Un tercer tipo lo forman los concesionarios de coches, los cuales venden en nombre de una o varias compañías automovilísticas. Por último, tenemos a los representantes o viajantes, que venden diferentes tipos de productos u obtienen pedidos para una o varias empresas. Estos tres tipos reciben un porcentaje por su labor que se denomina corretaje.

2. **Los agentes colegiados** son aquellos que intervienen en operaciones de compraventa por cuenta de terceros para, en algunos casos, dar fe de ellas, atestiguar la capacidad legal de los contratantes, la legitimidad de sus firmas, etc.

   En este grupo tenemos a:

   - *Agentes de cambio y bolsa* cuya función consiste en actuar de mediadores en las operaciones del mercado de valores. Suelen estar asociados a entidades financieras.

   - *Corredores de comercio marítimos colegiados* actúan como fedatarios en los contratos mercantiles y de comercio marítimo respectivamente.

   - *Corredores de buques* que son los que se encargan de representar a los capitanes de buques extranjeros en los tribunales y despachos oficiales.

ACTIVIDADES

1. **Te ofrecemos a continuación diferentes tipos de auxiliares de comercio. Para conocer las funciones que les corresponden a cada uno de ellos, selecciona una de las que aparecen en la columna de la derecha.**

1. Agente de aduana	**a.** Intenta vender un producto y por dicha venta recibe una comisión.
2. Asentador de mercado central	**b.** Se encarga de vender los productos de una compañía determinada a establecimientos situados en una zona geográfica concreta.
3. Comisionista	**c.** Se encarga de resolver los trámites necesarios para que una mercancía determinada pueda ser vendida en otro país.

4. Viajante o representante	**d.** Establece los precios de un producto en mercados o centros de aprovisionamiento para vendedores minoristas.
5. Mayorista	**e.** Persona que representa a los capitanes de buques mercantes extranjeros en tribunales y despachos oficiales.
6. Concesionario	**f.** Persona que ejecuta la adjudicación de una venta en una subasta pública al postor que ofrezca mejor oferta.
7. Adjudicador de subastas	**g.** Intermediario que adquiere los productos en grandes cantidades para revenderlos a minoristas o pequeños comerciantes.
8. Corredor de buques	**h.** Persona o entidad que tiene la concesión del servicio o de la distribución de un producto determinado. Por ejemplo, coches.

2. En las siguientes situaciones deberás elegir el tipo de auxiliar de comercio que consideres más adecuado.

Situación	Auxiliar de comercio
a. Acabas de llegar a una ciudad que no conoces y estás muy ocupado con tu trabajo y obligaciones familiares. Debes buscar una casa que se adapte perfectamente a los miembros de tu familia y que esté situada en un lugar donde haya colegios cerca.	
b. Eres el capitán de un buque petrolero que ha sufrido un accidente en aguas de terceros. Por lo tanto, necesitas a alguien que te ayude a resolver los problemas legales y demostrar tu inocencia.	
c. Eres muy prevenido y quieres estar protegido en caso de incendio, robo o inundaciones en el hogar.	
d. Eres director de una empresa y quieres invertir una determinada cantidad de dinero en acciones. Por lo tanto, necesitas a alguien que actúe de mediador para que te informe.	
e. Queremos exportar mercancías y necesitamos a alguien que nos resuelva todos los trámites burocráticos.	

3. A continuación te mostramos extractos de conversaciones mantenidas por diferentes tipos de auxiliares de comercio, ¿serías capaz de identificar por su registro a qué auxiliar pertenecen?

a. Yo, en su lugar, invertiría parte de su capital en Inditex ya que en las últimas semanas está cotizando al alza.	
b. El corretaje que solemos recibir por la venta de un coche oscila entre el 5 y el 10 % del valor total.	
c. En este catálogo puede observar los productos más novedosos de nuestra compañía. Debe tener en cuenta que se les hará un descuento del 5%.	
d. Si quiere usted reservar este local comercial deberá entregar 3000 euros como fianza y después se le restará al total de la compra.	
e. El precio del seguro a todo riesgo sería de 1100 euros. Esta cantidad la podríamos reducir si lo hace con una fianza de 180 euros.	

4 | Competencia sociocultural

4.1. | Competencia cultural

Las ferias internacionales en España

Las ferias son una de las actividades más tradicionales, importantes y útiles para promover las exportaciones y las ventas. Las empresas utilizan las ferias como estrategia de comunicación, publicidad, promoción, muestras, participación en misiones comerciales, etc.

Asimismo, en las ferias se llevan a cabo actividades paralelas, tales como talleres técnicos, seminarios, degustaciones, rondas de negocios, etc., que en ocasiones se complementan con visitas a importadores, representantes y agentes locales.

Por sus características, las ferias pueden clasificarse como: universales, comerciales, especializadas, de exposición o muestra institucional y de exposición permanente.

La entidad encargada de la organización de la feria elabora un reglamento. Es necesario tener conocimiento de este antes de tomar la decisión de participar. En este documento se encuentra toda la información sobre los requisitos, horarios, actividades permitidas y restringidas, colocación del *stand*, etc.

Las compañías expositoras también deben tener en cuenta ciertos factores relacionados con la promoción, el producto, el personal de la feria y el *stand*/pabellón.

1. Teniendo en cuenta que hay diferentes tipos de ferias, ¿podrías asociar cada una de ellas con su definición?

1. Universales	**a.** Son pabellones en donde se exhiben productos variados en diferentes épocas del año.
2. Comerciales	**b.** Son ferias enfocadas a una determinada gama o familia de productos.
3. Especializadas	**c.** En estas ferias participan todos los países del mundo para dar a conocer sus características más importantes. Cada una de estas ferias se realiza en torno a una temática central. Ejemplo: Expo Zaragoza 2008 - Agua y desarrollo sostenible.
4. Exposición o muestra institucional	**d.** Se organizan con la finalidad de reunir a las personas que deseen exponer sus productos para hacer negocio y captar nuevos clientes.
5. Exposición permanente	**e.** Es un evento de gran magnitud y prolongada duración, realizado en sedes variables, en las cuales los países y las empresas exhiben el grado de desarrollo integral logrado, sin objetivos comerciales directos y con el fin de obtener prestigio a niveles masivos.

2. Electromix, S.L. es una compañía especializada en[...] producción de electrodomésticos relacionados con[...] hogar como frigoríficos, microondas, hornos, e[...] Nunca ha asistido a una feria internacional y tie[...] problemas para decidir cuál de ellas sería la más a[...] cuada. ¿Cuál crees tú que sería la mejor y por qué[...]

Motivos para concurrir a una feria

La intención primera de toda empresa que participa en una feria es la de vender sus productos, pero también existen otras posibilidades que pueden considerarse pasos previos para concretar operaciones de negocios.

Pasos previos:

- **Mostrar los productos:** se persigue medir el grado de satisfacción que muestra el cliente ante nuestros productos.
- **Seleccionar nuevos proveedores:** que pueden significar un paso previo a la internacionalización de la empresa o un aumento en nuestra red comercial nacional.
- **Probar un mercado:** muchas ferias internacionales sirven de puerta de entrada indirecta a algunos mercados difíciles, dando la oportunidad para contactar con compradores locales.
- **Estudiar la competencia:** una práctica relativamente común entre grandes industrias para investigar las formas de operar, el tipo y condición de oferta de una empresa rival, tecnologías de producción, precios, etc.
- **Buscar un agente:** para ubicar un representante que promocione los productos en ese país.

1. Indica si estas ideas son verdaderas o falsas.

Los motivos principales para participar en una feria internacional son:

	V	F
1. Descubrir las formas de operar de la competencia.		
2. Seleccionar a agentes que sean futuros representantes de la compañía.		
3. Encontrar nuevos proveedores que faciliten la internacionalización de la empresa.		
4. Aumentar la venta de los productos.		
5. Mostrar y comparar lo que se fabrica a clientes extranjeros.		
6. Organizar a las personas que deseen exponer sus productos.		
7. Entrar de una forma indirecta en los mercados poco accesibles.		
8. Establecer nuevos contactos.		

2. Eres un empleado de una empresa de cosméticos y te han pedido que organices todo lo necesario para participar en una feria comercial en Estocolmo. Piensa en algunos factores que debes tener en cuenta y completa este esquema:

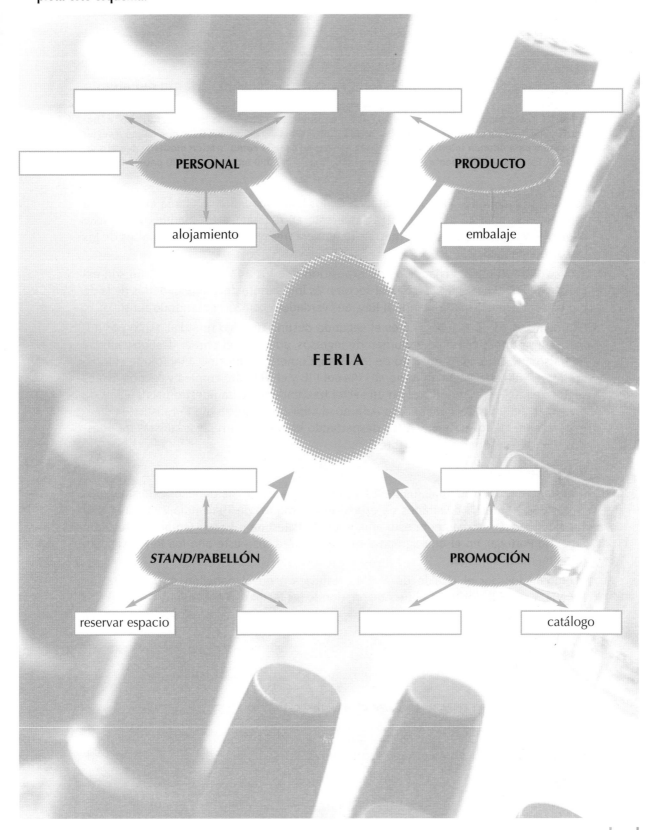

PERSONAL

PRODUCTO

alojamiento

embalaje

FERIA

STAND/PABELLÓN

PROMOCIÓN

reservar espacio

catálogo

3. La feria internacional de turismo (FITUR) celebrada en Madrid es un claro ejemplo de la importancia de las ferias en el mundo empresarial, como podrás comprobar después de haber leído este artículo periodístico.

EN MADRID

Inaugurada FITUR, la segunda feria de turismo más importante del mundo

El Rey ha inaugurado la última edición de FITUR, "enorme escaparate de la industria turística" e "imprescindible foro de encuentro y negocios" para los profesionales del sector, a los que animó a seguir trabajando para difundir internacionalmente la imagen de España como "nación moderna, plural y dinámica". Este año, FITUR cuenta con la presencia de más de 12 000 empresas de 170 países distintos.

LD (EFE)

Los Reyes acudieron al Parque Ferial Juan Carlos I para inaugurar la última edición de la Feria Internacional de Turismo, FITUR, que este año congrega en Madrid, desde este miércoles y hasta el domingo, a más de 12 000 empresas turísticas de 170 países de los cinco continentes.

Con sus 86 000 metros cuadrados de exposición –de los 843 expositores, 366 son extranjeros– FITUR, la segunda feria del sector más importante del planeta, detrás de la de Berlín, convierte a España, según el Rey, en "verdadero corazón del mundo turístico".

El monarca recordó que España es el segundo destino turístico mundial, tanto por número de visitantes como por volumen de ingresos, además del primer destino mundial en turismo vacacional. El ministro de Industria, Comercio y Turismo añadió que el turismo representa en España en torno al 11% del PIB y el 12% del empleo y "el objetivo es seguir siendo líderes mundiales en un sector trascendental para nuestro país". "Lejos de presentar síntomas de agotamiento –afirmó el Ministro– nuestra oferta turística es dinámica y reúne atractivos para seguir despertando el interés de nuevos turistas de nuestros tradicionales mercados emisores".

Recorrido inaugural

Concluido el acto inaugural, los Reyes visitaron algunos de los pabellones distribuidos en los 86 000 metros cuadrados de exposición, como los de Thailandia y Jordania, países que visitarán oficialmente este año, y los de Palestina e Israel. También estuvieron en el de Portugal, en el que agrupa a los países nórdicos –este año los Reyes viajarán oficialmente a Noruega.

Acompañados por el alcalde de Madrid, estuvieron en el pabellón de la capital de España, y seguidamente en el de Aragón, donde les recibió su presidente.

Texto adaptado de *El País Negocios*

Contesta a estas preguntas relacionadas con el artículo.

a) ¿Qué tipo de feria es FITUR?

b) ¿Cuántas empresas se han presentado este año en FITUR?

c) ¿En qué aspectos es importante el turismo para España?

d) ¿Puedes citar cuatro países que se han presentado este año en la feria?

4.2. | Comprensión auditiva

 Participación en una feria

Una editorial participa en la edición de la Feria del libro (LIBER) de este año.

A continuación vas a escuchar una entrevista realizada a Ignacio Lacio, representante de la editorial La Garza que nos habla sobre el proceso que han seguido para decidir participar en la feria. Cuando hayas terminado de escuchar la entrevista elige la opción correcta:

1. **Las razones que han impulsado a la editorial a participar en la edición de la feria del libro de este año han sido:**

- ☐ **a.** La necesidad de ampliar mercados, aumentar su cartera de clientes y darse a conocer en el mercado internacional.

- ☐ **b.** La necesidad de ampliar mercados, tener una cartera más grande y darse a conocer en el mercado internacional.

- ☐ **c.** La necesidad de ampliar mercados, aumentar su cartera de clientes y darse a conocer en el mercado nacional.

2. **Las ventajas que la editorial ha encontrado a la hora de participar en la feria han sido:**

- ☐ **a.** Han logrado ampliar mercados en América, Europa y Asia.

- ☐ **b.** Han logrado firmar acuerdos con Europa, Latinoamérica y Asia.

- ☐ **c.** Han logrado confirmar acuerdos con Europa, Iberoamérica y Asia.

3. **Los gastos que la editorial preveía en la participación de la feria estaban basados en:**

- ☐ **a.** El alquiler del expositor, el transporte de las mercancías y del mobiliario.

- ☐ **b.** El alquiler del pabellón, el transporte de los libros, las mesas y las sillas.

- ☐ **c.** El alquiler del expositor, el importe de las mercancías y del mobiliario.

4. **Los pasos que la editorial siguió para participar en la feria fueron:**

- ☐ **a.** Primero observaron otras editoriales, confirmaron el proceso burocrático y los costes.

- ☐ **b.** Primero observaron algunos *stands* de otras editoriales, luego se informaron del proceso burocrático y calcularon gastos.

- ☐ **c.** Primero observaron algunos *stands* de otras editoriales, luego obtuvieron beneficios y afirmaron costes.

5 Competencia intercultural

5.1. | El lenguaje no verbal

La empresa española Sumaysigue se ha planteado ampliar sus ventas en el extranjero. Esta empresa se dedica al sector secundario. Sus actividades se centran en la fabricación de electrodomésticos.

Una vez que habían decidido que su área de expansión sería China, el siguiente paso fue participar en una feria que se celebró en Madrid. En esta feria contactaron con un agente que actuaría de intermediario entre los posibles clientes y la empresa. El primer contacto fue Nang Tan Sin, la cual estaba muy interesada en entablar relaciones comerciales con la empresa española.

Un día concertaron una cita entre el director de la empresa española, Gustavo Rasca, y la empresaria china Nang Tan Sin.

Esto fue lo que sucedió en dicha reunión:

- Gustavo llegó un cuarto de hora más tarde de lo previsto.
- La distancia entre ambos empresarios fue de no más de 20 centímetros.
- Gustavo mantenía constantemente un contacto visual con la empresaria china.
- El tono de voz de Gustavo era muy alto y hablaba muy rápido.
- Gustavo no respetaba el turno de palabra y en algunas ocasiones interrumpía a la empresaria china.
- Gustavo a veces tocaba el hombro de su homóloga.
- Mucha de la información de Gustavo se dio por medio de gestos faciales y con las manos.
- Gustavo usaba constantemente continuadores conversacionales del tipo: ¡ajá! ¡ummm!, etc.
- Como hacía calor, Gustavo prefirió dejarse la chaqueta en su despacho y se aflojó un poco el nudo de la corbata.
- Nang Tan Sin esbozaba una sonrisa cada vez que preveía un posible desacuerdo.
- Nang Tan Sin nunca miraba directamente a los ojos de Gustavo.
- Nang Tan Sin hablaba con un tono muy bajo.
- Nang Tan Sin no contestaba inmediatamente a Gustavo sino que más bien dejaba un silencio antes de contestar.
- Nang Tan Sin procuraba apartarse cada vez que Gustavo hacía un intento de apoyar la mano en su hombro.

El resultado de este encuentro fue un fracaso total. Tanto la empresaria china como el empresario español rechazaron toda posibilidad de negociación.

¿Cuáles crees que fueron las causas de este fracaso comercial?

1. ....
....

2. ....
....

3. ....
....

4. ....
....

5. ....
....

Teniendo en cuenta todos los aspectos que hemos tratado en este caso práctico, intenta marcar en la siguiente tabla con cuáles de ellos estás de acuerdo y con cuáles en desacuerdo desde la perspectiva de la cultura de tu país y de tu propia perspectiva personal.

ÁREA	ESTOY DE ACUERDO	NO ESTOY DE ACUERDO	EN MI PAÍS
Tono de voz			
Contacto visual			
Contacto físico			
Impuntualidad			
Distancia interpersonal			
Turno de palabra			
Gesticulación			
Continuadores conversacionales			
Vestimenta			
Sonrisas			
Silencios			

¿Qué consejos les darías a estos dos empresarios para prevenir futuros choques culturales en otras negociaciones?

1. ....
....

2. ....
....

3. ....
....

4. ....
....

5. ....
....

TAREA:
- Escribir una carta de pedido y la respuesta a dicha carta.
- Rellenar una factura.
- Seleccionar el tipo o tipos de Incoterms más adecuados.
- Definir qué tipo de agentes o intermediarios van a participar en la transacción.
- Utilizar la jerga del comercio cuando sea necesario.
- Evitar posibles choques culturales que se produzcan a raíz del lenguaje no verbal.

ROLES:
Un vendedor / Un comprador.

OBJETIVOS:

El vendedor: captar un posible cliente.

El comprador: informarse de todo lo concerniente al producto.

PREPARACIÓN:

Comenta con tus compañeros:
- ¿Qué puntos destacaríamos en una carta de pedido?
- ¿Qué características debe tener esta carta?
- ¿Qué son los Incoterms y qué características los definen?
- ¿Cuántos tipos de intermediarios hay y qué funciones realizan?
- ¿Qué tipos de ferias existen, qué objetivos persiguen y cómo se dan a conocer los productos en ellas?
- ¿Qué áreas intervienen dentro del lenguaje no verbal?

ALUMNO A:

Somos miembros de una empresa llamada La Cajonera, S.A. la cual se dedica a la fabricación y venta de muebles. Este año hemos participado en la Feria Internacional del Mueble (FIM) con el propósito de ampliar nuestro mercado en el exterior. Nuestro objetivo es captar nuevos clientes de diferentes países y también dar a conocer nuestros productos.

Lo que debemos hacer:

- Describir entre todos cómo era vuestro *stand* en la feria.
- Crear un folleto que resuma la totalidad de los productos que ofertamos y el precio que le hemos asignado a cada uno.
- Delimitar las condiciones de venta de nuestros productos: plazos de entrega, condiciones de pago, carta de pedido, etc.
- Seleccionar entre todos los Incoterms el más adecuado para los siguientes factores: transporte, responsabilidad, riesgo y carga, etc.
- Tener en cuenta aspectos relacionados con el comercio tales como: venta al por mayor o al por menor, los canales de distribución, características de los productos, embalaje.

Una vez que hemos realizado los puntos de la sección "lo que debemos hacer", cada uno de los integrantes de nuestro grupo buscará a un estudiante del otro grupo (Alumno B) y realizarán una simulación de entrevista en la que lleguen a un acuerdo de compraventa.

ALUMNO B:

Somos los propietarios de una empresa de venta de muebles en Estados Unidos; tenemos tres locales situados en varias ciudades de ese país y estamos interesados en ofertar un producto diferente a nuestros clientes. Para ello, hemos decidido asistir a la Feria Internacional del Mueble (FIM) y así tener opción de elegir entre una amplia gama de productos. Nos hemos interesado por los productos de la empresa La Cajonera, S.A. y queremos obtener más información para ver si sus ofertas se adaptan a nuestros intereses.

Lo que debemos hacer:

- Informarnos de cuáles son los productos que oferta esta empresa y las características que tienen, así como el precio.
- Delimitar la inversión que podemos realizar en la compra.
- Una vez que hemos decidido los productos que queremos comprar, redactar una carta de pedido.
- Acordar con el vendedor el Incoterm más apropiado para las dos partes.
- Delimitar las condiciones de compra: plazos de entrega, condiciones de pago, acuse de recibo, etc.

Una vez que hemos realizado los puntos de la sección "lo que debemos hacer", cada uno de los integrantes de nuestro grupo buscará a un estudiante del otro grupo (Alumno A) y realizarán una simulación de entrevista en la que lleguen a un acuerdo de compraventa.

Autoevaluación

Sección 1	Sí	No	Un poco	Preguntas/Dudas
Eres capaz de escribir distintos tipos de cartas comerciales.				
Eres capaz de distinguir las características de algunos tipos de cartas comerciales.				

Sección 2	Sí	No	Un poco	Preguntas/Dudas
Eres capaz de usar léxico relacionado con los términos de comercio internacional.				

Sección 3	Sí	No	Un poco	Preguntas/Dudas
Eres capaz de expresarte en momentos de comunicación relacionados con el mundo del comercio.				

Sección 4	Sí	No	Un poco	Preguntas/Dudas
Eres capaz de informar sobre las ferias que se celebran en España y del proceso para participar en ellas.				

Sección 5	Sí	No	Un poco	Preguntas/Dudas
Eres capaz de evitar choques culturales relacionados con el lenguaje no verbal.				

UNIDAD 6

Publicidad y ventas

1. Competencia pragmática	2. Competencia lingüística	3. Competencia sociolingüística	4. Competencia sociocultural	5. Competencia intercultural
1.1. Competencia discursiva • Otros documentos comerciales • El albarán • La circular • El memorando	**2.1. Competencia léxica** • Las franquicias	**3.1. Registros** • Análisis de ventas • Análisis de costes	**4.1. Competencia cultural** • La mercadotecnia (*marketing*) y sus componentes **4.2. Comprensión auditiva** • Una cuña de radio	**5.1. Saber hacer** • Ámbitos y situaciones **5.2. Saber** • Ley de mejora de protección de los consumidores
Tarea final				

En esta unidad vamos a:

- Diferenciar los elementos que forman la estructura de una circular, un albarán y un memorando.
- Producir adecuadamente el contenido de esos elementos en situaciones diferentes.
- Conocer las diferencias entre varios tipos de franquicias y sus características.
- Conocer en qué consiste un análisis de ventas y los tipos que hay.
- Conocer cuáles son las características más destacadas del servicio postventa.
- Diferenciar las distintas etapas de una negociación.
- Conocer diferentes técnicas publicitarias, formas de promoción y las fases de una campaña publicitaria.
- Seleccionar información concreta en cuñas radiofónicas.
- Saber actuar adecuadamente en contextos relacionados con el mundo de los negocios.
- Actuar de mediador y asesor para dar a conocer los derechos del consumidor en España.

Competencia pragmática

1.1. | Competencia discursiva

 Otros documentos comerciales: el albarán, la circular y el memorando

Albarán:

El albarán de entrega o envío es aquel documento que acompaña al género o producto en el momento de su entrega al comprador. También puede considerarse como el documento que refleja y acredita la prestación de un servicio.

Datos obligatorios:
- Datos del vendedor y del comprador.
- Número de código u orden.
- Descripción de la mercancía (calidad, cantidad, modelo, precio por unidad y total).

Circular:

Las cartas circulares tienen como objetivo comunicar noticias de interés inmediato y exponer, al mismo tiempo, sus motivaciones.

El formato puede variar de estructura, uno de ellos es el siguiente:
- Membrete: parte superior del documento, donde se menciona el nombre de la empresa o institución.
- Número de la circular: se coloca debajo del membrete, indica el número asignado administrativamente a esa circular.
- Lugar y fecha de emisión.
- Dirección de la persona a quien se envía.
- Cuerpo: el contenido de la misma.
- Frase de despedida.
- Nombre, apellidos y cargo del firmante.

Memorando:

Este es un escrito que se usa para intercambiar información entre diferentes departamentos de una empresa, con el propósito de dar a conocer alguna indicación, instrucción, recomendación, disposición, etc. Su redacción debe ser breve, clara y precisa.

Estructura:
- Nombre de la persona a quien va dirigido.
- Nombre del remitente.
- Fecha.
- Asunto.
- Texto.
- Firma del remitente.

1. Lee y compara el formato, el lenguaje y la información de estos tres documentos e identifícalos.

UNITEX, S.L.

7 de febrero de 2014
De: Benito San Juan
A: Felipe de León

Le recuerdo que los nuevos contratos deben estar redactados para mañana, y también recopilados todos los datos bancarios necesarios para la confección de las nóminas correspondientes a este mes.

Benito San Juan

Dpto. RR.HH.

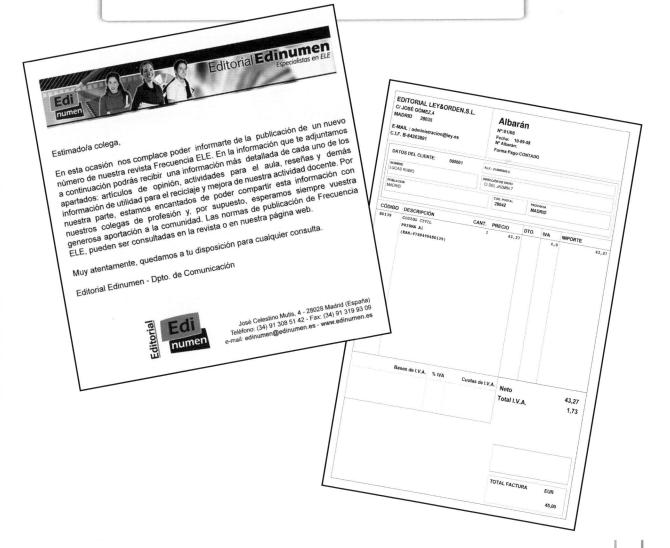

Editorial **Edinumen**
Especialistas en ELE

Estimado/a colega,

En esta ocasión nos complace poder informarte de la publicación de un nuevo número de nuestra revista Frecuencia ELE. En la información que te adjuntamos a continuación podrás recibir una información más detallada de cada uno de los apartados: artículos de opinión, actividades para el aula, reseñas y demás información de utilidad para el reciclaje y mejora de nuestra actividad docente. Por nuestra parte, estamos encantados de poder compartir esta información con nuestros colegas de profesión y, por supuesto, esperamos siempre vuestra generosa aportación a la comunidad. Las normas de publicación de Frecuencia ELE, pueden ser consultadas en la revista o en nuestra página web.

Muy atentamente, quedamos a tu disposición para cualquier consulta.

Editorial Edinumen - Dpto. de Comunicación

Editorial **Edi numen**

José Celestino Mutis, 4 - 28028 Madrid (España)
Teléfono: (34) 91 308 51 42 - Fax: (34) 91 319 93 09
e-mail: edinumen@edinumen.es - www.edinumen.es

EDITORIAL LEY&ORDEN,S.L.
C/ JOSÉ GÓMEZ,4
MADRID   28035

E-MAIL : administracion@ley.es
C.I.F. B-84263891

Albarán

Nº:01/08
Fecha: 10-09-08
Nº Albarán:
Forma Pago:CONTADO

DATOS DEL CLIENTE: 000001

NOMBRE
LUCAS RUBIO

N.I.F.: 21668243-C

POBLACIÓN
MADRID

DIRECCIÓN DE ENVÍO
C/ DEL JAZMÍN,7

CÓDIGO	DESCRIPCIÓN		COD. POSTAL 28042	PROVINCIA MADRID		
80139	CODIGO CIVIL PRISMA A1 (EAN:9788498480139)	CANT.	PRECIO	DTO.	IVA	IMPORTE
		1	43,27		4,0	43,27

Bases de I.V.A.	% IVA	Cuotas de I.V.A.	Neto	43,27
			Total I.V.A.	1,73

TOTAL FACTURA   EUR

45,00

2. Ahora, clasifica estas características dentro del documento correspondiente.

1. Son escritos que suelen informar sobre cambios en una empresa.

2. Son documentos que entrega la empresa vendedora a la compradora.

3. Es el medio de comunicación interno de una empresa.

4. Se presenta en el momento de hacer entrega del producto o servicio como prueba esencial de la transacción.

5. Se suele enviar el mismo texto a un gran número de personas o entidades.

6. Se usa para intercambiar información entre los diferentes departamentos de una empresa.

7. Suelen dar información a los clientes sobre diferentes asuntos relacionados con la empresa, como modificación en precios, el ofrecimiento de nuevas facilidades, nuevas ofertas o productos.

8. Este tipo de carta no se contesta normalmente.

9. Especifica de forma detallada el género o mercancía objeto del envío.

10. Su redacción debe de ser breve, clara y precisa.

11. En este documento debe hacerse referencia a la mercancía entregada, la fecha de expedición, identificación completa del comprador y su dirección.

12. Este documento suele hacerse por triplicado –tres copias– dos para el comprador y una para los archivos de la empresa vendedora.

CIRCULAR	ALBARÁN	MEMORANDO

3. Redacta una circular con esta información.

La empresa Energía Limpia, S.A. de Badajoz escribe a sus clientes indicándoles que, debido a la fuerte demanda a causa de un invierno extremadamente frío, se han visto obligados a comprar más energía de lo habitual por lo que el precio se incrementará en 25 céntimos por kilovatio. Esperan volver al precio original en verano.

4. Escribe un memorando al Sr. Ruiz, jefe del Departamento de Exportación, indicándole que los envíos a Escocia se harán, a partir de esta fecha, por vía aérea a través del aeropuerto de Glasgow, y así evitar las anomalías ocurridas recientemente.

2 Competencia lingüística

2.1. Competencia léxica

Las franquicias

Una franquicia es una forma de comercialización de un determinado producto o servicio en el que intervienen dos partes:

- El propietario de la marca o franquiciante.
- El interesado en comerciar con esa marca o franquiciado.

Ambas partes firman un contrato en el que se establecen algunas obligaciones:

El franquiciante se encuentra en la obligación de:

- Ceder la marca para su utilización.
- Dar a conocer el *know-how* de la empresa a través de la formación.
- Ofrecer asistencia cuando se requiere.

El franquiciado tiene la obligación de:

- Cumplir con los estándares de calidad y actuación.
- Adquirir la formación necesaria.
- Dar un uso correcto a la marca.
- Abonar el importe del derecho inicial.

1. **Relaciona los conceptos de la izquierda con su correspondiente definición de la derecha.**

1. Franquiciado	**a.** Sistema de organización empresarial en que intervienen franquiciante, franquiciado, marcas, proveedores, contratos, método de administración, distribución, publicidad y patrones de organización. Su contrato significa cesión de derechos y obligaciones.
2. Marcas	**b.** Empresario que adquiere los derechos cedidos por otro y contrae ciertas obligaciones para la explotación del negocio propio o a través de una o más unidades franquiciadas.
3. Franquicia	**c.** Son los nombres, signos o imágenes comerciales que usan los productores o distribuidores para diferenciar sus productos o servicios de los demás y por los cuales los clientes los distinguen. Son propiedad de quienes los hayan registrado y pueden venderse, arrendarse o cederse.
4. Saber hacer o *Know how*	**d.** Empresario o empresa que cede los derechos a otros para explotar y comercializar productos y servicios, durante un periodo de tiempo determinado. Por ello recibe una contraprestación económica y se obliga a apoyar y asistir al beneficiario en todo lo que le haga falta para desarrollar el negocio.
5. Franquiciante	**e.** Transmisión que el franquiciante hace al franquiciado del modelo de gestión que se ha desarrollado durante la evolución del negocio.

2. De acuerdo con la teoría expresada anteriormente, ¿sabrías decir qué elementos de los siguientes formarían parte del concepto de franquicia?

1. Utilización de una marca o nombre registrado.

2. Defensa jurídica en el extranjero.

3. Pago de derechos o regalías.

4. Daños a terceros.

5. Suministro de servicios.

6. Indemnización por pérdida o deterioro del producto.

7. Traspaso de propiedad.

8. Cesión del modo de operar.

Ventajas y desventajas de los participantes en una franquicia:

A.- Ventajas

Para el franquiciante:

- Puede expandir su negocio rápidamente, permitiéndole emplear menos capital del que necesitaría para abrir sucursales.
- No asume el riesgo correspondiente a cada local de su cadena, porque el franquiciado explota su local por su propia cuenta y riesgo.
- Permite mejorar el conocimiento de la marca en el mercado, a través de una cuidada imagen corporativa.

Para el franquiciado:

- Comercializa una marca reconocida, sin la necesidad de crear por sí mismo un nombre en el mercado.
- Recibe una formación.
- Entra al negocio por cuenta propia, pero con el apoyo de un empresario experimentado que ya posee un negocio sólido.

B.- Desventajas

- El franquiciante tiene que compartir su negocio con un grupo de comerciantes autónomos, los cuales deben cuidar los detalles y la imagen de la marca que representan.
- El franquiciado pierde parte de su independencia comercial al ser sometido a determinados controles y en algunas ocasiones debe abonar, en concepto de regalías, sumas difíciles de recuperar.

3. Te damos a continuación algunas opiniones que franquiciantes y franquiciados tienen acerca del mundo de las franquicias. Establece si sus opiniones se relacionan con las ventajas o desventajas de estas.

Establecer una franquicia es poner mi negocio en manos de empresarios que carecen de experiencia.

Abrir una franquicia me permite obtener más cuota de mercado.

Una franquicia supone un menor desembolso de capital y te permite correr menos riesgos.

Una franquicia supone estar sometido a las normas establecidas por otros.

Me siento más seguro porque me respalda un profesional experimentado.

3 Competencia sociolingüística

3.1. Registros

Análisis de ventas

El análisis de ventas consiste en un estudio de los resultados monetarios en volumen de ventas por producto, por territorio de ventas, por vendedores y, a veces, por clientes.

El análisis de ventas nos da información de cuánto y qué se ha vendido en cada uno de los territorios donde la compañía opera, indicándonos quién fue el comprador, y tomándose como base de comparación los registros de la compañía en cada uno de los rubros y las cifras pronosticadas que fueron incluidas en el plan de ventas.

La más común e importante fuente de datos para el análisis de ventas es la factura, pues en ella se consigna generalmente la fecha de la operación, el nombre del cliente, y su localización geográfica, la descripción de la mercancía vendida, la cantidad vendida de unidades, el precio unitario y total, la fecha de despacho y recibo y, algunas veces, las condiciones de pago.

Las ventas por producto también pueden mostrarse comparativamente con las ventas del mismo periodo del año anterior. De un análisis de esta naturaleza puede apreciarse la importancia relativa de los clientes y se pueden tomar decisiones importantes de mercado y ventas, frecuencia de visitas de los vendedores, promoción de ventas y dedicación de mayores esfuerzos.

De manera análoga, se puede plantear un análisis comparativo por territorio de ventas, para un producto determinado o para una categoría de productos, que dejaría ver, entre otros aspectos, el grado de dificultad de las ventas comparativamente entre los territorios, fortaleza ante la competencia en cada uno de ellos y debilidades de la fuerza de ventas.

Análisis de costes

Este análisis busca conocer la rentabilidad de los productos que conforman la operación de ventas. Se lleva a cabo analizando los gastos totales de ventas de la compañía, tales como gastos por tamaño de pedido, gastos de producción, gastos por cliente o por clase de cliente, gastos por territorio de venta, etc.

ACTIVIDADES

1. **Preguntas de comprensión.**

a. **¿Cómo se miden los resultados económicos por medio de las ventas?**

b. **¿Qué datos nos revela una factura de ventas?**

c. **¿Qué datos nos aporta un análisis por ventas de productos?**

d. **¿Qué información nos permite obtener un análisis comparativo por territorio de ventas?**

Tipos de análisis de ventas

Análisis de ventas detallado: cubre las principales actividades de ventas de una empresa y no solo los aspectos problemáticos. Un análisis de ventas detallado suele ser más eficiente a la hora de localizar el verdadero origen de los problemas de ventas de la compañía.

Análisis de ventas sistemático: el análisis de ventas involucra una secuencia ordenada de etapas de diagnóstico que cubren el entorno de la organización, los objetivos y las estrategias de ventas, los sistemas y las actividades de ventas específicas. El diagnóstico establece las mejoras más necesarias para la compañía. Estas se incorporan a un plan de acción correctivo a corto y largo plazo para mejorar en general la eficiencia de las ventas de la empresa.

2. **Caso práctico.**

> La empresa *Como una puerta* se dedica al sector de la cosmética. Este año sus ventas se han disparado debido a una promoción 3x2 y una serie de regalos a clientes especiales. Al hacer el balance de beneficios, observan con gran sorpresa que los resultados están por debajo de los alcanzados el año anterior ya que las ventas fueron mayores. Como medida de precaución han decidido hacer una renovación en la plantilla de representantes y en la logística. Se ha realizado un análisis de ventas pero no han logrado detectar dónde está el origen del problema. ¿Serías tú capaz de detectar en qué área o áreas se cometieron errores y dar una posible solución?

 Etapas de ventas

Etapa de prospección: se produce la localización del cliente potencial. ¿A qué clientes voy a visitar? Ejemplos: páginas amarillas, Cámaras de Comercio, bases de datos clasificados por alguna característica que más interese.

Etapa de contacto: en esta fase es cuando concertamos la primera entrevista con el cliente. El vendedor se presenta, presenta su empresa y su producto. Esta etapa es muy importante para captar clientes potenciales.

Etapa de presentación del producto: el vendedor va a argumentar en favor de su producto. En esta fase nos debemos plantear la aclaración de puntos importantes como la relación calidad-precio, la durabilidad del producto, etc. Un área dentro de esta etapa es la persuasión, y supone que debemos dar argumentos convincentes.

Contestar las dudas y objeciones: el vendedor tiene que despejar las dudas que le surjan al cliente, y debe poseer sensibilidad para darse cuenta del efecto que está produciendo.

3. **A continuación te ofrecemos el diálogo que un representante de calzados tuvo con un cliente potencial. Marca en qué momento de la conversación se produce cada una de las etapas de la venta.**

> El señor José Bolla es un representante de la compañía *El Callo Malayo* que se dedica a la fabricación y venta de calzado. Necesita aumentar su cartera de clientes y para ello acude a los locales de la Cámara de Comercio de su localidad, en donde le han facilitado una lista de zapaterías en la zona que la compañía le ha asignado.
> José decide ir a visitar la zapatería *El Juanete* para dar a conocer la nueva gama de productos que su compañía ha lanzado al mercado para esa temporada. Esta fue la conversación que José mantuvo con la propietaria de dicha zapatería.

J. ¡Buenos días! Soy José Bolla, represento a la compañía *El Callo Malayo* y me gustaría mostrarle la nueva gama de calzado para la nueva temporada.

P. Encantada. Bueno, a ver qué me ofrece. Espero que no sea muy caro.

J. La verdad es que en relación a la calidad-precio le estoy ofreciendo una ganga porque son productos hechos a mano y con una piel de primerísima calidad. Hemos tenido en cuenta que la temporada pasada las ventas aumentaron en números grandes de señora en esta región y por lo tanto hemos incrementado la producción en lo concerniente a este punto.

P. Cierto, es que las chicas de ahora tienen números de calzado más grandes que antes y es verdad que el 40 y 41 de señora se vende más. Lo que no sé es que, si me faltaran productos, con qué rapidez me los enviarían y tampoco sé si al realizar una compra al por mayor me recompensarían con un descuento por unidad.

J. En caso de necesitar un producto tenemos un servicio urgente que no tarda más de un día en entregarlo. Los descuentos están relacionados con el volumen de compra y la fidelidad del cliente con la empresa. Se nota que usted es una buena comerciante y creo que nuestra relación comercial será larga y beneficiosa para los dos. Ha sido un placer y espero verla pronto.

P. Igualmente. Ya les llamaré.

C El servicio postventa

Una de las maneras de agregar valor a un producto es mediante el desarrollo de un buen servicio postventa que, si es deficiente, puede afectar negativamente a la opinión del cliente y disminuir los niveles de las ventas.

Para que realmente sea criterio diferenciador entre las empresas y agregue valor al producto, el servicio postventa debe diseñarse y desarrollarse en función de lo que los clientes esperan. Las expectativas de los clientes pueden ser de los siguientes tipos:

Las expectativas como estándar de predicción.	Se puede atribuir a las expectativas una función predictiva realizada por el cliente respecto a lo que supone que ocurrirá durante la prestación.
Las expectativas como estándar ideal.	Se refiere al nivel deseado de desempeño.
Las expectativas mínimas.	Nivel bajo de desempeño aceptable por el consumidor.
Las expectativas merecidas.	Basadas en la evaluación subjetiva que realizan los consumidores de su propia inversión en tiempo y dinero.
Normas basadas en la experiencia.	Desempeño que los clientes consideran posible en función de sus experiencias previas.
Expectativas comparativas.	Expectativas del consumidor en torno a otras marcas.

Adaptado de *www.monografías.com*

4. Te damos a continuación una lista de productos que has adquirido. Intenta explicar cuáles serían tus expectativas como cliente en cada uno de ellos y qué tipo de servicio postventa exigirías.

PRODUCTO	EXPECTATIVAS	SERVICIO POSTVENTA
Un coche		
Unas gafas graduadas		
Un *ipod*		
Un ordenador		
Un sofá		

4 Competencia sociocultural

4.1. Competencia cultural

La mercadotecnia (*marketing*) y sus componentes

¿Qué es el *marketing*?

Desde el punto de vista del consumidor, el *marketing* es la actividad humana dirigida a satisfacer nuestras necesidades y deseos por medio de un proceso comercial.

Desde el punto de vista del comercio, *marketing* es el conjunto de técnicas que facilitan el flujo de productos y servicios del productor al consumidor o usuario con el objetivo de estimular la demanda.

Fines:

- **Informar:** comunicando la existencia del producto, dando a conocer sus características, así como las ventajas y necesidades que satisface.
- **Persuadir:** tratando de estimular la demanda al convencer al comprador potencial de los beneficios que conlleva el producto.
- **Recordar:** evitando que los usuarios reales del producto sean tentados por la competencia y adquieran nuevas marcas.

Objetivos:

- **Elevar la cifra de ventas.**
- **Obtener rentabilidad.**
- **Aumentar la cuota de mercado.**

Para conseguir estos fines y objetivos las empresas elaboran un *plan de marketing*.

Este plan consiste en hacer un análisis del mercado, en conocer el público objetivo y en definir el *marketing-mix*.

Análisis del mercado

- Pensar a qué segmento del mercado va dirigido el producto que se vende o el servicio que se ofrece.
- Estudiar la competencia.
- Analizar las posibilidades de la propia empresa para hacer frente a la futura demanda.

Público objetivo

- Conocer las características de los consumidores a los que va dirigido el producto o servicio teniendo en cuenta la edad, el sexo, el poder adquisitivo, la ideología, etc.

Marketing-mix

- Considerar las características del producto o gama de productos.
- Fijar el precio apropiado al producto o servicio.
- Tener en cuenta la distribución.
- Pensar en la promoción del producto o servicio.

ACTIVIDADES

1. **Preguntas de comprensión.**

a. **¿En qué se complementan las definiciones de *marketing* desde el punto de vista del consumidor y del comerciante?**

b. **¿Qué fin o fines persiguen compañías de gran renombre como El Corte Inglés, Coca-Cola, etc. con sus campañas de *marketing*?**

c. **¿Crees que los objetivos del *marketing* están relacionados entre sí?**

Formas de promoción

A. Publicidad:

Proceso de comunicación masivo y pagado a partir del cual se pretende informar, persuadir e influir en el comportamiento y actitud de los consumidores sobre productos o servicios ofrecidos.

B. Promoción de ventas:

El ofrecimiento al consumidor de incentivos a corto plazo (regalos, premios, descuentos, etc.) con el fin de dar a conocer un producto o servicio y al mismo tiempo conseguir un incremento rápido y temporal de las ventas.

C. Relaciones públicas:

La planificación y realización de diferentes actividades que buscan la aceptación de la empresa por parte de los diferentes grupos o público con los que la compañía se encuentra vinculada de alguna forma.

D. Equipo de vendedores:

Actividad realizada a través del personal de ventas (vendedor o representante) de la empresa sobre los clientes potenciales de la misma con el objetivo de conseguir la venta de sus productos o servicios.

2. Preguntas de comprensión.

a. ¿Cuál es la diferencia fundamental entre publicidad y relaciones públicas?

b. Indica los tipos de promoción que van dirigidos directamente al consumidor.

c. ¿Qué forma de promoción puedes encontrar en los supermercados? ¿Puedes dar algunos ejemplos?

d. ¿Qué tipo de productos suelen promocionar los equipos de vendedores?

Elementos complementarios del producto

Además del producto o servicio que se ofrece, hay una serie de elementos complementarios que constituyen una parte fundamental del conjunto y juegan un papel fundamental en el *marketing* del producto.

Estos son:

A. La marca:

Es un símbolo, nombre o diseño, a veces una combinación de los tres, cuya finalidad es distinguir el producto o servicio que cada empresa ofrece al consumidor. En muchos casos, la marca es la que realmente señala la diferencia entre productos iguales o similares.

B. El logotipo:

Es el término que designa la parte creativa de la marca y puede estar formado por dibujos, símbolos o elementos que no tienen pronunciación y que permiten crear la imagen de dicha marca.

C. El símbolo:

Es el signo que representa un producto, una institución, una imagen, etc.

D. La etiqueta:

Es la que nos da información de las características o la composición del producto y, a veces, puede ser un reclamo de venta o promoción (envíe 3 etiquetas y participe en un sorteo de viajes para dos personas, etc.).

3. Además de la calidad del producto en sí, ¿qué puede influirnos a la hora de comprarlo?

ORIGINALIDAD

PRECIO

PRODUCTO

4. ¿Qué soportes publicitarios conoces? Anota los que recuerdes.

5. Aquí tienes una lista de distintos soportes publicitarios. Clasifícalos según el medio de comunicación que utilizan y añade los tuyos propios.

Internet • Circulares • Marquesinas • Ferias • *Spots* publicitarios • Periódicos • Octavillas • Patrocinio
Transporte público • Publirreportajes • Publicidad aérea • Programas • Buzoneo • Móviles
Ropa de deportistas • Suplementos semanales

MEDIO	SOPORTE
Prensa	– Revistas…
Radio	– Cuña…
Marketing directo	– Catálogos…
Televisión	– Programas…
Otros	– Vallas…

La publicidad es un reflejo de nuestra sociedad consumista, materialista y hedonista. Crea necesidades para luego vender productos que supongan la solución a nuestros problemas. El alma de todo anuncio es una promesa de felicidad, éxito, belleza, juventud, poder, libertad, etc.

Los anuncios eficaces operan según las 4 fases que sintetiza el acrónimo AIDA.

PUBLICIDAD
Fases del anuncio eficaz.
A • **Atención:** atraer la atención del potencial cliente.
I • **Interés:** captar su interés por el producto.
D • **Deseo:** provocar el deseo y la necesidad de consumirlo.
A • **Acción:** hacer que lo compre.

6. ¿Qué valores transmite este anuncio?

7. Discute con tus compañeros esta pregunta: ¿por qué en igualdad de características e igualdad de precios, los consumidores elegimos uno u otro producto o servicio?

Vuestra respuesta: ....
....
....

8. Ahora completa esta respuesta y analiza si coincide con la vuestra.

memoria • compañías • percepción • soportes • estrategias

Es por la [   ] que tenemos de cada marca, la cual se traduce en imágenes almacenadas en la [   ], y que tienen su origen en las distintas [   ] de comunicación lanzadas por las [   ] en los diferentes [   ].

9. Indica qué productos podrían anunciar estos titulares o eslóganes:

Titulares o eslóganes	Productos
Enríojate. ➡	
Póntelo, pónselo. ➡	
Cuéntaselo. ➡	
Mejor que un lifting. ➡	
Endúlzate la vida. ➡	
Sonríe clara y abiertamente. ➡	
Un sabor que maravilla. ➡	
Tonifica por fuera y por dentro. ➡	

10. El *marketing* proporciona productos y servicios convenientes a la gente indicada, en el lugar más adecuado, en el momento que los requieren, al precio más favorable, y con la comunicación y promoción más apropiadas.

Analiza el anuncio de la actividad 6 desde estos puntos de vista:

a. ¿Qué producto anuncia?

b. ¿Cuál es su público objetivo?

c ¿Qué soporte es el más indicado?

d. ¿Qué técnica o técnicas de persuasión emplea: asociación de ideas, identificación del nombre de la marca, estatus social, sorpresa, polémica, etc.?

11. Ahora crea tu propio anuncio teniendo en cuenta estos factores:

– **El texto:** lema, eslogan o frase para caracterizar el producto.

– **Imagen:** impactante, imaginativa, controvertida, etc.

– **Público objetivo.**

– **Soporte**.

– **Técnica de persuasión.**

Recuerda que tu anuncio va a ser visto por muchas personas de diferente sexo, raza, ideología, poder adquisitivo, etc., por lo tanto debes de ser respetuoso, es decir, "políticamente correcto".

12. Lee el siguiente artículo.

Ikea vuelve a utilizar Internet para conocer a sus clientes

Un concurso a través de Internet es la nueva estrategia promocional de Ikea para conocer más a fondo los gustos de sus clientes.

Todos los que lo deseen pueden enviar a Ikea fotografías de su habitación en las que la decoración refleje su personalidad.

El concurso *Dormitorios como tú* puesto en marcha en España por la multinacional sueca de decoración, tiene como objetivo conocer a fondo los gustos de los españoles en el dormitorio.

Internet ha sido el medio elegido para desarrollar este juego, a través de la página web *ikea.es*, creada por la agencia Clic Naranja.

"El dormitorio es un espacio al que Ikea da mucha importancia, ya que nuestros estudios han detectado la importancia que tiene en el hogar. Por ello, hemos querido conocer más a fondo las preferencias de los españoles y acercarnos a ellos con el fin de mejorar nuestros productos y adaptarlos a sus gustos", explica Cristina Humet, responsable de relaciones públicas de Ikea España.

"Se trata de una fórmula original y divertida que nos permite estar cerca del consumidor. *Dormitorios como tú* está abierto a todas las personas que lo deseen y que se sientan orgullosas de la decoración de su dormitorio", recalca Humet.

Respecto a la utilización de Internet como plataforma de comunicación, comenta: "Internet es cada día más rápido y eficaz; una herramienta muy útil que nos permite dar a conocer tanto productos, como promociones y concursos. Dos tercios de nuestros clientes tienen acceso a Internet desde sus casas y consultan nuestra página antes de venir a las tiendas; por tanto, se trata de un medio muy importante en nuestra estrategia de comunicación". Dada la eficacia de este tipo de acciones de *marketing*, no es la primera vez que la compañía apuesta por ellas, al margen de la publicidad convencional o de sus famosos catálogos de los que el año pasado se imprimieron 145 millones de ejemplares en 25 idiomas.

Un mercado con potencial para crecer

El mercado español es uno de los mercados europeos con más potencial de crecimiento, según comenta Cristina Humet. Actualmente, la facturación del grupo en España supone un 3% del total. Con varias tiendas en la Península, la compañía tiene previsto contar con veinte establecimientos en 2015 y crear hasta entonces unos mil puestos de trabajo anuales.

Adaptación del artículo de Marina Pérez en *Cinco Días.com*

Una vez leído el artículo contesta a estas preguntas.

a. ¿Cuál es el objetivo del concurso *Dormitorios como tú*?

b. ¿Cuál ha sido el fin de esta campaña publicitaria?

c. ¿Por qué han utilizado Internet como soporte?

d. ¿Qué otros medios emplea Ikea para dar a conocer sus productos?

4.2. | Comprensión auditiva

Una cuña de radio

Vas a escuchar parte de un programa de radio que trata sobre el mundo de la Economía. En él podrás escuchar dos anuncios publicitarios y una entrevista a D. Paco Merlo, experto en energías renovables. Después de la audición elige la opción correcta.

1. **Los temas económicos que va a tratar el programa son:**

☐ **a.** El protocolo de Tokio, las nuevas exigencias de las pymes y la PAC.

☐ **b.** La PAC, el protocolo de Kyoto y las nuevas exigencias de las pymes.

☐ **c.** Las pymes, la PAC y el Protocolo de Sayoto.

2. **La oferta del gimnasio consiste en:**

☐ **a.** Un 2 por 1.

☐ **b.** Una reducción en el precio de la inscripción.

☐ **c.** Un descuento mensual.

3. **La forma de pago del nuevo CELEME SXP consiste en hacerlo:**

☐ **a.** En cómodos plazos de 200 euros mensuales y sin intereses.

☐ **b.** En cómodos plazos de 200 euros mensuales, seis meses después de la compra.

☐ **c.** En cómodos plazos de 200 euros mensuales sin intereses, a los seis meses de la compra.

4. **Algunas de las consecuencias del aumento de temperatura serán:**

☐ **a.** Aumento de la pobreza, disminución de la población mundial y un flujo migratorio.

☐ **b.** Aumento de la desertificación, escasez de agua y aumento de fenómenos tormentosos.

☐ **c.** Aumento de la privatización, reducción de alimentos a escala mundial y un flujo migrato-

5 | Competencia intercultural

5.1. | Saber hacer

Ámbitos y situaciones

1. **Imagina que eres un cargo directivo de una multinacional y te encuentras ante determinadas situaciones que te exponemos a continuación. Piensa en cuál crees que sería tu actitud frente a ellas, en relación a tu propia cultura y luego pregúntale a tu compañero/a.**

SITUACIÓN	TÚ	TU COMPAÑERO
En una sala de reuniones es difícil entender a los interlocutores porque la sala da a una calle muy ruidosa.		
No te han sugerido la silla que debes ocupar y no quieres equivocarte de lugar.		

SITUACIÓN	TÚ	TU COMPAÑERO
No te entregan documentación que versa sobre los diferentes puntos de los que va a tratar la reunión.		
No hay luz suficiente para poder leer los documentos.		
El sillón del director es mucho más cómodo que el del resto de los participantes.		
El director de la empresa con la que has empezado una nueva negociación te enseña todas las instalaciones de la empresa en una visita que realizas.		
No hay tarjetas identificativas para los participantes en la reunión.		

5.2. Saber

La ley de mejora de la protección de los consumidores

La ley de mejora de la protección de los consumidores está enfocada a sancionar las conductas abusivas que sean contrarias a los usuarios. Para que la conozcas mejor te vamos a presentar el caso de una empresa llamada *Me la dan con queso S.L.* y los problemas que tuvo que resolver al contratar algunos de los servicios que necesitaba.

Por un lado, el alumno A le dará a conocer al alumno B todos los servicios que contrató así como la manera en que lo hizo. Por otro lado, el alumno B deberá aconsejar al alumno A sobre cuál hubiera sido la mejor vía de actuación por parte del empresario.

ALUMNO A

Un empresario ha tenido problemas en algunos aspectos relacionados con su empresa. Tú eres un gestor y te pide que le aclares algunas dudas que tiene.

ÁREA	MODO DE ACTUACIÓN
Darse de baja en un suministro.	No te sientes satisfecho con la compañía telefónica que has contratado. Solicitas darte de baja y te obligan a pagar una penalización.
Tarifación de servicios.	Las tasas que pagas por el servicio telefónico se establecen por medio del redondeo.
Interrupción en el servicio de Internet.	Durante la jornada laboral, el servicio de Internet ha fallado y eso ha supuesto un retraso en comunicaciones con clientes vía correo electrónico. Esto ha significado pérdidas para la empresa y descontento por parte de algunos clientes. Tu empresa no ha reclamado porque no sabía si eso era posible.

ÁREA	MODO DE ACTUACIÓN
Impuesto de plusvalía.	Al adquirir el local de la empresa, el vendedor te comunicó que te correspondía a ti como comprador pagar el Impuesto de plusvalía y tú así lo hiciste.
Enganches de agua y alcantarillado.	Además de pagar el local, tuviste que pagar el enganche de agua y alcantarillado y no contabas con ese plus.
Slamming.	Al contratar la línea telefónica la compañía añadió la línea ADSL y tú no habías comunicado tu deseo de contratarla.
Negativa a darte de baja.	Has llamado a la empresa para darte de baja en sus servicios en varias ocasiones pero al cabo de un mes te cargan en la cuenta una cuota por el servicio mínimo.

ALUMNO B

Un empresario te va a comunicar una serie de problemas que ha tenido al contratar servicios de otras empresas que no le han satisfecho. Te damos las áreas que están relacionadas con sus preguntas y los consejos que debes darle en relación a dichos aspectos.

ÁREA	MODO DE ACTUACIÓN
Darse de baja en un suministro.	Hasta ahora darse de baja en un suministro de gas, telefonía, Internet, etc. te obligaba a abonar como usuario una penalización o prescindir de cuotas o fianzas líquidas con anterioridad pero con la nueva ley estas prácticas se consideran ilegales.
Tarifación de servicios.	En la nueva ley se establece que la tarifación de servicios se deberá realizar por medio del tiempo real de uso del servicio, manifestando de esta manera la prohibición del redondeo.
Interrupción en el servicio de Internet.	En caso de interrupción en el suministro de Internet, el usuario tendrá derecho a que se le realice un descuento en la factura.
Impuesto de plusvalía.	El Impuesto de plusvalía deberá abonarlo siempre el vendedor tal y como establece la legislación fiscal. Aun así deberá el comprador constatar que en la escritura del inmueble se ha especificado también.
Enganches de agua y alcantarillado.	Comprar un local de nueva adjudicación supone que en el precio deberán incluirse los enganches de agua y alcantarillado pues anteriormente debían ser liquidados por parte del comprador.
Slamming.	Este concepto consiste en dar de alta al usuario en un servicio para el que no ha solicitado su contratación. En este caso le corresponde a la empresa contratada demostrar que efectivamente el usuario ha solicitado darse de alta en tal servicio.
Negativa a darte de baja.	En caso de solicitar darnos de baja, lo mejor es notificar dicha solicitud por escrito para que así dispongamos de una prueba fehaciente. Lo más aconsejable es el burofax con certificación de contenido, el cual supone un certificado acreditativo de que el texto enviado y recibido por la empresa es una copia del que tenemos sellado por Correos. De esta manera, por unos 15 euros tenemos una prueba de la notificación.

Tarea final

TAREA:
- Crear estrategias de venta de nuestros productos.

ROLES:
Empresa española/ Representante.

OBJETIVOS:

Hacer una campaña publicitaria para los productos que ofertamos con la intención de darlos a conocer al público y aumentar las ventas.

Seleccionar representantes para la distribución y venta de nuestros productos.

PREPARACIÓN:

Comenta con tus compañeros:
- Pensar en posibles técnicas de *marketing* y promoción.
- Pensar en adjetivos que califiquen nuestros productos adecuadamente y que resulten atractivos para nuestros clientes.
- Pensar en elementos complementarios del producto tales como la marca, el etiquetado, el logotipo, etc.
- Enviar el memorando para informar a otros departamentos para que nos proporcionen información sobre la distribución, gastos, éxito de ventas según las zonas geográficas, etc.
- Pensar en cuál puede ser nuestro producto estrella.
- Ver las partes de las que consta una circular.
- Analizar las características del servicio postventa.
- Repasar las etapas de la negociación.
- Hablar del análisis de ventas y sus características.

SITUACIÓN 1:

Somos directores de una empresa española de productos electrónicos llamada *La Copla, S.L.* y el año pasado nuestros beneficios no fueron del todo satisfactorios. Por lo tanto, hemos decidido prestar atención a nuestros fracasos y como consecuencia nos hemos planteado los siguientes objetivos para este año:

Objetivos:
- Elevar las cifras de ventas de nuestros productos.
- Obtener mayor rentabilidad y aumentar nuestra cuota de participación en el mercado con respecto a la competencia.
- Pensar en las normas y consejos que le daremos a nuestros representantes para que tengan éxito en las ventas.

Lo que debemos hacer:
- Hacer un análisis de los precios, de los diferentes tipos de productos, la promoción y la distribución.
- Crear estrategias comerciales nuevas.
- Hacer un análisis exhaustivo del perfil de los posibles clientes.
- Analizar la oferta en relación con la demanda y sus consecuencias.
- Escribir una circular estándar a los clientes más fieles en la que se enfatice nuestra intención de mejorar e informar de los cambios que se van a realizar.
- Analizar todas las áreas relacionadas con la publicidad de nuestros productos.
- Hacer un análisis de ventas detallado.
- Especificar las características del servicio postventa que ofertamos.
- Analizar las ventajas y desventajas de crear una franquicia.

Manos a la obra:

Una vez que hemos realizado las tareas de "lo que podemos hacer", vamos pasar a la acción y para ello vamos a hacer las siguientes actividades:

1. Vamos a pensar en posibles anuncios en radio y en prensa escrita.
   - Escena del anuncio y diálogos.
   - Fotografías y música.
   - Eslogan.

2. Decidir por medio de una reunión a qué público nos vamos a dirigir y crear un perfil estándar del cliente:
   - Edades.
   - Género.
   - Necesidades.

3. Crear un borrador de circular con las partes de que consta para anunciar a nuestros clientes habituales los cambios que la empresa ha decidido llevar a cabo.

4. Analizar la posibilidad de crear franquicias, así como los tipos y las ventajas o desventajas que ello puede acarrear para la empresa.

5. Analizar los elementos complementarios del producto.

6. Analizar las fases del anuncio eficaz.

7. Pensar en cuáles son vuestros derechos como consumidores para contratar la línea ADSL en la empresa.

8. Pensar en los derechos de vuestros clientes.

9. Analizar las expectativas de vuestros clientes.

10. Delimitar las áreas que ofrecemos en el servicio postventa.

11. Informar a los representantes de las fases de la negociación con nuevos clientes.

12. Analizar las ventas por medio del estilo detallado.

Ahora elegiremos a un estudiante de la situación 2 (representante) y le informaremos de todo lo concerniente a los puntos tratados anteriormente y responderemos a sus preguntas.

SITUACIÓN 2:

Somos representantes de una empresa española de productos electrónicos llamada *La Copla, S.L.* Nos han convocado para una reunión en la que se nos informará de todos los detalles que debemos conocer sobre los productos que dicha empresa produce. Nuestra tarea consistiría en promocionar y vender tales productos por una zona geográfica determinada.

Objetivos:
- Conocer los productos y sus características.
- Ampliar la cartera de clientes.

Lo que debemos hacer:
- Informarnos bien de los precios, las promociones y la facilidad de distribución para los productos.
- Informarnos de cuál es el producto estrella.
- Informarnos del perfil de los clientes.
- Informarnos de las normas que la empresa tiene para los representantes.
- Preguntar por una posible comisión o porcentaje.
- Pedir consejos sobre las características de los clientes.
- Preguntar por otros aspectos de la empresa que nos interesen, tales como franquicias.
- Informarnos de los elementos complementarios de los productos.
- Pensar en los derechos de nuestros clientes.
- Preguntar por la política de negociación de la empresa en relación a las etapas de las ventas.
- Informarnos del servicio postventa.
- Informarnos del análisis detallado de ventas y costes.

Ahora elegiremos a un estudiante de la situación 1 (empresario) y nos informaremos de todo lo concerniente a la cultura corporativa relacionada con los puntos tratados anteriormente y haremos preguntas sobre esos puntos con la intención de tener una idea clara de lo que se nos pide como representantes.

Autoevaluación

Sección 1	Sí	No	Un poco	Preguntas/Dudas
Eres capaz de diferenciar los elementos que forman la estructura de una circular, un albarán y un memorando.				
Eres capaz de producir adecuadamente el contenido de los mismos en situaciones diferentes.				

Sección 2	Sí	No	Un poco	Preguntas/Dudas
Eres capaz de diferenciar los tipos de franquicias existentes y destacar sus características.				

Sección 3	Sí	No	Un poco	Preguntas/Dudas
Conoces lo concerniente al análisis de ventas y el servicio postventa.				
Conoces y sabes diferenciar las etapas de la negociación.				

Sección 4	Sí	No	Un poco	Preguntas/Dudas
Conoces diferentes técnicas publicitarias, formas de promoción y las fases de una campaña publicitaria.				

Sección 5	Sí	No	Un poco	Preguntas/Dudas
Sabes actuar adecuadamente en contextos relacionados con el mundo de los negocios.				
Eres capaz de actuar de mediador y asesor dando a conocer los derechos del consumidor en España.				

UNIDAD 7

La banca

1. Competencia pragmática	2. Competencia lingüística	3. Competencia sociolingüística	4. Competencia sociocultural	5. Competencia intercultural
1.1. Competencia discursiva • Documentos bancarios: pagaré, cheque, transferencia y carta de crédito	**2.1. Competencia léxica** • La banca	**3.1. Registros** • La hipoteca	**4.1. Competencia cultural** • Las cajas de ahorros **4.2. Comprensión auditiva** • En la televisión	**5.1.** Saber reclamar y conocer el mundo bancario español y europeo
Tarea final				

En esta unidad vamos a:

- Conocer la estructura y los usos de algunos documentos bancarios.
- Saber hacer un uso correcto de algunos documentos bancarios.
- Conocer el significado de conceptos relacionados con el campo léxico de la banca y usarlos apropiadamente.
- Diferenciar los distintos conceptos y pasos a seguir en la solicitud de una hipoteca.
- Conocer los elementos que componen el sistema financiero español y sus funciones.
- Comprender datos concretos relacionados con la solicitud de información en un banco.
- Contrastar la cultura de origen con la cultura meta en lo que se refiere a las quejas o reclamaciones en bancos.
- Actuar de mediador y asesor dando a conocer el proceso de reclamación y los tipos de interés bancarios.

1 Competencia pragmática

1.1. | Competencia discursiva

Documentos bancarios: pagaré, cheque, transferencia y carta de crédito

Pagaré:

Es un documento legal por el que el emisor (deudor) se obliga a abonar al tenedor (acreedor) una cantidad de dinero en la fecha establecida en el documento.

Requisitos que deben cumplirse:
- Indicar el lugar y la fecha en que se emite.
- Datos del acreedor y del deudor.
- Cantidad que se debe pagar.
- Concepto por el que se paga.
- Fecha de vencimiento.
- Firma.

Actualmente el pagaré se utiliza más en los países americanos de habla hispana que en España, donde está siendo sustituido por la letra de cambio.

Cheque:

Es un documento generalmente integrado en un talonario, en el que se anota la cantidad que puede retirarse de la cuenta bancaria de la que es titular el firmante.

Para que sea válido debe contener:
- Denominación o número del cheque.
- Nombre del banco pagador.
- Lugar de pago, la fecha y plaza de emisión.
- Firma del expedidor o librador.
- El mandato de pagar una cantidad determinada al librado.

Transferencia:

Son movimientos unilaterales de fondos que se producen sin contrapartida entre residentes de un mismo país o con el exterior. Es uno de los instrumentos más utilizados por las empresas para realizar sus pagos.

Datos de una transferencia:
- Importe de la operación.
- Datos generales del banco.
- Número de cuenta de origen y de destino.
- Datos del beneficiario.
- Datos del emisor.

ACTIVIDADES

1. Define estas palabras y nombra a qué documentos pertenecen.

Emisor: ....
....

Tenedor: ....
....

Acreedor: ....
....

Deudor: ....
....

Vencimiento: ....
....

Librado: ....
....

Librador: ....
....

2. Redacta un pagaré con los siguientes datos.

Acreedor:	Jesús Torres Altas.
Deudor:	Josefa Sevilla.
Cantidad:	1297,58 euros.
Vencimiento:	90 días.
Concepto:	Pago de factura pendiente por servicios prestados.
Lugar y fecha:	Jaén, 10 de mayo de 2014

3. La transferencia es uno de los movimientos bancarios más utilizados por las empresas para realizar pagos. Además del ámbito empresarial, ¿puedes pensar en qué otras circunstancias se puede usar?

Carta de crédito:

Es el método de pago más seguro (está sujeto a regulaciones internacionales) y también el más conveniente para efectuar transacciones internacionales.

¿Qué es una carta de crédito?

Es un convenio o acuerdo en virtud del cual un banco, actuando por solicitud y conformidad con las instrucciones de un importador, se compromete (en un plazo de tiempo especificado) a efectuar un pago a un exportador, una vez presentados los documentos exigidos, siempre que se hayan cumplido los términos y las condiciones del crédito.

Al tratarse de una compraventa internacional donde están involucrados el importador, el exportador, el banco emisor y el banco avisador, la carta de crédito tiene que seguir unos pasos o un circuito.

¿Por qué se usa una carta de crédito?

Las compraventas internacionales, debido a las características de este comercio, son más complicadas que las transacciones nacionales.

El importador necesita estar seguro de que la mercancía le va a ser entregada una vez realizado el pago, mientras que el exportador quiere cerciorarse de que va a recibir el pago de la mercancía enviada.

 ## ACTIVIDADES

1. Ordena estas ideas para dar otra definición de carta de crédito.

A. de efectuar el pago al vendedor

B. dentro de un tiempo determinado y

C. Es un compromiso escrito asumido por un banco

D. a su solicitud y de acuerdo con las instrucciones del comprador

E. a la entrega de los documentos indicados.

F. hasta la suma de dinero indicada

1	2	3	4	5	6
C					E

Carta de crédito: ....

....

....

....

2. Aquí tienes un esquema enumerado de este circuito; analízalo y trata de unir los números con la información desordenada que te ofrecemos a continuación.

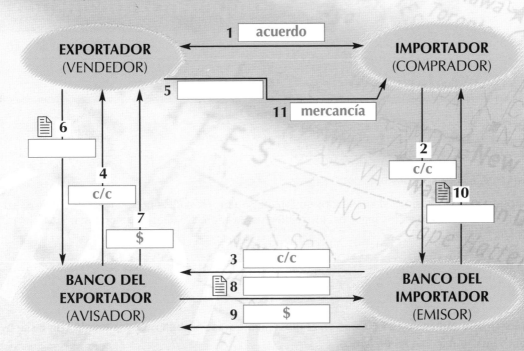

a. El banco emisor envía la carta de crédito y se lo notifica al banco del exportador (banco avisador) mediante correo aéreo, fax o SWIFT.

b. Si el exportador está de acuerdo con las condiciones del crédito, envía la mercancía al país del destino según el Incoterm pactado (documentos).

c. El comprador (importador) y el vendedor (exportador) se ponen de acuerdo en los términos y condiciones de la transacción.

d. El banco avisador verifica que la carta de crédito coincide con el acuerdo comercial y la envía al vendedor.

e. El importador solicita a su banco (banco emisor) la apertura de una carta de crédito a su favor.

f. Una vez pagado al exportador, el banco avisador transfiere los documentos al banco emisor, que también los verifica.

g. El banco emisor carga los fondos al importador y cede los documentos.

h. Si los documentos están correctos, el banco avisador paga al exportador.

i. Si los documentos están en orden, el banco emisor reembolsa de inmediato al banco avisador.

j. Cuando se ha enviado la mercancía, el exportador presenta los documentos al banco avisador. Aquí son verificados frente a la carta de crédito.

k. Una vez cedidos los documentos al importador, este puede reclamar la mercancía de la portadora.

2 | Competencia lingüística

2.1. | Competencia léxica

La banca

¿Qué servicios nos ofrecen los bancos?

Algunos de los servicios más demandados en España son los préstamos personales, los créditos, los planes de pensiones, las cuentas, los ingresos, los reintegros, las domiciliaciones de nómina, las tarjetas, los seguros, etc.

 ACTIVIDADES

1. A continuación te ofrecemos un diálogo en el que encontrarás vocabulario relacionado con las actividades y gestiones que se realizan en un banco.

> **ESCENARIO:** El señor Francisco Lorado tiene problemas de solvencia económica pues su empresa se está retrasando en la liquidación de ciertas deudas que tiene con su banco. Ha recibido una carta en la que se le exige el pago de **recibos** pendientes. Va al banco a intentar resolver su problema.
>
> **Empleado:** ¡Buenos días, señor Lorado! ¿En qué le puedo atender?
>
> **Francisco:** Pues verá, he recibido una carta que ustedes me remitieron la semana pasada y quería resolver algunas de las cuestiones que ustedes citan en ella.
>
> **Empleado:** Permítame cinco minutos para poder localizarla en nuestro archivo... Aquí la tengo. Pues sí, efectivamente le comunicanos en dicha carta que su cuenta está al **descubierto**. Su **saldo** está en números rojos debido a que sus **ingresos** en los últimos meses han sido inferiores a los **reintegros** que usted ha efectuado.
>
> **Francisco:** La verdad es que no se puede decir que esté en mis mejores momentos.
>
> **Empleado:** Espero que mejore su situación pronto, dado que como ya sabe, el banco le cobra los **intereses** del préstamo que solicitó hace dos años y en caso de no efectuarse el **reembolso** de dichos intereses en cada **plazo**, nuestra entidad se vería obligada a cobrarle un interés más alto. Quizás si prescindiera de las cuotas de la **póliza** del seguro antirrobo, le permitiría mejorar un poco su situación.
>
> **Francisco:** No se preocupe, intentaré hacer una **transferencia** a favor de su entidad tan pronto como me sea posible. Tendré que utilizar un **depósito** que uso en otra entidad o esperar a que Hacienda me devuelva las **retenciones** de la Declaración de la Renta.
>
> **Empleado:** Me parece perfecto. Ha sido un placer haber tratado con usted una vez más. Hasta pronto.
>
> **Francisco:** Muy bien. Muchas gracias.

Una vez que has leído el diálogo, intenta averiguar por medio del contexto cuál sería la definición de algunos de los conceptos que han aparecido en la conversación anterior.

Depósito • Descubierto • Ingreso • Interés • Plazo • Póliza • Recibo
Reembolso • Reintegro • Retención • Saldo • Transferencia

	a. Documento que encierra un contrato, por ejemplo, de seguro.
	b. Documento escrito con el que el acreedor reconoce al deudor el descargo de una cuenta o el pago de una parte o la totalidad de la deuda.
	c. Precio pagado por un préstamo o imputado al uso del dinero durante un periodo de tiempo.
	d. Abono que hace un banco al comitente que le emitió un efecto de gestión de cobro u otra operación que origine la necesidad de un abono en cuenta.
	e. Servicio bancario por el que un cliente da instrucciones para que se remita una cantidad a alguien.
	f. Cualquier bien, valor o dinero confiado a un banco para su custodia.
	g. Saldo deudor en una cuenta producido por haberse autorizado a disponer por mayor cuantía que el saldo existente.
	h. Disposición de dinero de una cuenta de ahorro a la vista o a plazo fijo.
	i. Aportación de dinero en una cuenta bancaria.
	j. Conservación de parte de una cantidad que se debe pagar para garantizar el cumplimiento de alguna obligación.
	k. Cada parte de una cantidad pagadera en dos o más veces.
	l. Diferencia entre el total de débitos y créditos de una cuenta bancaria.

2. A continuación encontrarás definiciones que pertenecen a diferentes familias de palabras relacionadas con la jerga bancaria. Escribe al lado del término el número que corresponde a su definición.

A. **FONDO**. Conjunto de bienes y dinero de que dispone una persona o entidad.

1. Valoración que en una empresa puede hacerse de toda una serie de activos intangibles de difícil medición económica, como son la clientela, la imagen de marca, la cuota de mercado, etc.

2. Institución pública financiable con aportaciones presupuestarias sobre las nóminas salariales para asegurar que en caso de dificultades por parte de las empresas en crisis, las retribuciones sean abonadas a sus empleados.

3. Institución formada por instituciones financieras, compañías de seguros, sindicatos, etc., para recibir aportaciones de sus socios con destino a inversiones de carácter mobiliario e inmobiliario.

4. En ciertas administraciones públicas escasamente éticas, existen determinadas cantidades, no bien identificadas en los presupuestos, para utilizarlas en labores poco transparentes de financiación de campañas de imagen, corrupción de medios de comunicación o compra de líderes de opinión.

5. El que por algunas razones no invierte en ciertos tipos de activos como, por ejemplo, acciones de compañías que se dedican al negocio de armas, compraventa de pieles, tabaco, alcohol, etc.

6. El que incluye la inversión en compañías involucradas en actividades contaminantes.

B. **AMORTIZACIÓN**. Reducción del importe de una deuda o del valor de un bien que se realiza de forma periódica.

constante ☐   creciente ☐

AMORTIZACIÓN

☐ decreciente   americana ☐

parcial ☐

1. Consiste en pagar los intereses de la deuda en un determinado número de periodos, y el principal en el último periodo.

2. Consiste en destinar una cantidad uniforme para cada periodo de amortización, incluyendo capital e intereses.

3. Amortización en la que cada importe es superior al precedente.

4. Amortización en la que cada importe es inferior al precedente.

5. Amortización constante en la que no se incluyen los intereses, gastos y comisiones.

C. **CRÉDITO**. Confianza que se otorga a una persona o firma en razón de su solvencia económica.

SWAP ☐

☐ a la exportación   oficial ☐

CRÉDITO

☐ comercial   puente ☐

blando ☐

1. Instrumento de estímulo al comercio internacional que tiende a facilitar créditos especiales a los exportadores.

2. Crédito concedido en condiciones de plazo y tipos de interés muy favorables.

3. Aplazamiento del pago que concede un proveedor relativo al suministro de mercancías y prestaciones de servicios.

4. Intervención del Estado en la promoción de la empresa mediante crédito.

5. Crédito obtenido como financiación temporal y con la garantía de un cobro futuro por parte del prestatario.

6. Crédito bilateral que se conceden los bancos centrales entre sí.

3. ¿Qué tipo de fondo, amortización y crédito sería conveniente en las siguientes situaciones?

Descripción de la situación	Tipo de fondo, amortización y crédito
1. Una fábrica nuclear elimina los residuos tóxicos vertiéndolos al mar e incumple lo establecido en el Protocolo de Kyoto respecto a las emisiones de CO_2.	
2. El Banco Central de España necesita resolver problemas de liquidez debido a la escasez de reservas de divisas que padece, por lo tanto solicita ayuda a un banco central de otro país.	
3. Una empresa tiene una crisis económica y uno de sus proveedores le permite aplazar el pago de las últimas mercancías o servicios que ha realizado para dicha empresa.	
4. Una empresa debe pagar una deuda en la que cada plazo es más reducido que el plazo anterior que ha efectuado.	
5. Para calcular el valor de una empresa debemos tener en cuenta, además de los activos, otros factores tales como su fama, sus clientes y aspectos relacionados con su imagen.	

4. Intenta asociar los siguientes términos polisémicos con sus diferentes significados.

Pensión • Tenedor • Memoria • Media • Giro • Gracia
Vía de regreso • Valor • Asiento • Cartel

a. Lugar de alojamiento: ➡

b. Capacidad de recordar: ➡

c. Uno de los cubiertos: ➡

d. Notificación en un libro de contabilidad: ➡

e. Ruta de vuelta a un destino determinado: ➡

f. Cada paga mensual que recibe un jubilado: ➡

g. Asociación de empresas para dominar el mercado: ➡

h. Butaca: ➡

i. Envío de fondos mediante documentos postales o bancarios: ➡

j. Prenda femenina: ➡

k. Declarado en estado de insolvencia: ➡

l. Valentía: ➡

m. Precio o coste de una cosa: ➡

n. Arte de hacer reír: ➡

o. Informe para los accionistas en las Juntas Generales: ➡

p. Cambio de dirección: ➡

q. Valor central de un conjunto de datos: ➡

r. Un tipo de operación matemática: ➡

s. Periodo entre la concesión de un préstamo y la primera amortización: ➡

t. Póster que anuncia un acontecimiento: ➡

u. Propietario de una letra de cambio: ➡

v. Derecho a reclamar el importe al librador por no realizar pagos: ➡

3 Competencia sociolingüística

3.1. Registros

La hipoteca

Es un tipo de crédito bancario que tiene como finalidad financiar la adquisición de bienes inmuebles.

El tipo de interés que se puede aplicar al solicitar una hipoteca puede ser:

1) **Fijo.** La cuota a pagar se mantiene constante durante el tiempo que dura el crédito, lo que permite conocer con exactitud el importe que se va a satisfacer hasta su extinción. Por contraprestación, no podremos beneficiarnos de él en caso de que se produzca una bajada de los tipos de interés en el mercado.

2) **Variable.** La cuota a pagar varía periódicamente en función del indicador elegido, por ejemplo, el euríbor.

Las comisiones que pueden aplicar las entidades bancarias en la concesión de una hipoteca son las siguientes:

1) **Comisión de cancelación anticipada:** cuantía que cobra la entidad bancaria por la devolución total anticipada del crédito concedido.

2) **Comisión de aplazamiento:** gasto al que se sujeta el cliente por cualquier aplazamiento del pago de alguna cuota.

3) **Comisión de reclamación de impago:** la realiza la entidad financiera ante el impago de una o más cuotas.

4) **Comisión de apertura:** cargo al que se sujeta al abrir la cuenta para devolver el crédito o préstamo.

5) **Comisión de amortización anticipada:** cuantía que se cobra por la devolución parcial anticipada del crédito concedido.

Otros gastos que se deben abonar cuando se obtiene un préstamo hipotecario son los siguientes:

- La tasación del bien y la nota simple del Registro de la Propiedad si no se trata de bienes de segunda mano.

- El Impuesto sobre Actos Jurídicos Documentados como escrituras, actas y testimonios notariales, letras de cambio, anotaciones preventivas practicadas en Registros Públicos, etc.; se abona siempre que se suscribe un documento notarial.

- El Impuesto de Transmisiones Patrimoniales como, por ejemplo, la compraventa de bienes muebles o inmuebles, la constitución de derechos reales (usufructos), los arrendamientos, etc. deben también ser abonados.

- Los gastos de Notaría y Registro de la Propiedad en los que la cantidad a satisfacer depende del préstamo otorgado y están exentos de IVA.

- Para la concesión del préstamo los bancos suelen exigir que se contrate, al menos, un seguro del bien que normalmente se abona también a la firma de la escritura.

- El seguro de vida no es obligatorio aunque el banco le sugerirá que lo contrate con una determinada compañía.

ACTIVIDADES

1. **¿Cuáles de los siguientes conceptos están relacionados con las hipotecas?**

Tasación
Nota simple
Registro de la Propiedad
Tipo de interés
Nómina
Comisión de apertura
Comisión de cancelación anticipada
Gastos de Notaría
Seguridad Social
Cámara de Comercio
Seguro
Impuesto de Actos Jurídicos
Impuesto de Transmisiones Patrimoniales

2. **Define con tus propias palabras los conceptos que hayas seleccionado anteriormente.**

3. **Indica qué tipo de comisión nos aplicaría un banco en las situaciones siguientes.**

Situación	Tipo de comisión
1. El cliente abre una cuenta para domiciliar sus plazos de devolución de hipoteca.	
2. El cliente ha pagado dos plazos de hipoteca con retraso.	
3. El cliente ha encontrado una oferta mejor en otro banco y quiere cambiar su hipoteca a otra entidad financiera.	
4. El cliente quiere pagar parte de la hipoteca en un tiempo anticipado al que contrató.	
5. El cliente no puede pagar un plazo de su hipoteca.	

4. Un cliente escribe una carta a un banco pero no conoce muy bien el registro utilizado en este contexto y le vas a tener que ayudar a corregir algunos errores que no son adecuados en la jerga bancaria. Escríbele una carta de respuesta aclarándole sus dudas.

¡Hola!

Soy Manolo Comotora. Les escribo porque quiero comprar una casa en las afueras y no sé cómo se hace. Me gustaría saber mayormente si me podéis prestar unos kilillos y que me digáis qué cantidad de dinero me quitáis cada mes.

Si no os importa me decís también cuánto me tengo que gastar en el papeleo y los impuestos que cobra el ayuntamiento. Quiero tener un seguro para robos también.

No sé qué es eso del IBI que me ha dicho mi primo Pedro. ¿Me pueden hacer una lista con todo lo que tengo que pagar?

Muchas gracias.

5. Ahora vamos a negociar nosotros una hipoteca. Para ello, una parte de la clase será el director de la oficina bancaria y la otra será el cliente. A continuación os damos, por un lado, las características que el cliente quiere que cumpla su hipoteca y, por otro, las características que el director quiere ofrecer a su cliente. Lo que está claro es que cada uno de ellos quiere conseguir las mejores condiciones.

ALUMNO A	ALUMNO B
Eres el cliente de un banco y quieres comprar una casa. Exiges de comisión de apertura un 0,5% y de cancelación y amortización anticipada un 0,25% como máximo. En caso de tener que aplicarse la comisión de aplazamiento no quieres que se te cargue comisión. Los gastos de Notaría estás dispuesto a aceptarlos tal y como se apliquen y con respecto al tipo de interés quieres que sea variable y con algunas ventajas, como por ejemplo, que los cinco primeros años se aplique un interés fijo del 4,25%. No aceptas la domiciliación de la nómina ni un seguro de vida. Pide información sobre las etapas a seguir y los tipos de impuestos a pagar.	Eres el director de una entidad bancaria y tienes que tratar con un cliente potencial. Tus objetivos los tienes muy claros. Informar al cliente de las fases y los gastos que conlleva una hipoteca. Exigir de comisión de apertura un 2% y de cancelación anticipada un 1% como mínimo y, en caso de tener que aplicarse la comisión de aplazamiento, quieres que se cargue comisión. Los gastos de Notaría no te afectan directamente y el tipo de interés quieres que sea fijo. Para aceptar dar el préstamo exiges al cliente que domicilie su nómina y contrate un seguro de vida.

4.1. | Competencia cultural

Las cajas de ahorro

Las cajas de ahorros son entidades de un singular estatus jurídico en el que los impositores, clientes, ayuntamientos e instituciones locales y provinciales forman parte de sus órganos de gobierno para su gestión y administración.

Las cajas no tienen ánimo de lucro, carecen de accionistas y su objetivo es la intermediación financiera y prestación de servicios con el fin de servir a la sociedad y devolverle los beneficios generados por esa actividad, sin que fundadores, administradores o gestores tengan derecho a participar de ellos.

Las cajas están especializadas en la canalización del ahorro popular y en la financiación de las familias y de las pequeñas y medianas empresas. Asimismo, tienen una fuerte raíz local, con una densa red de oficinas de implantación preponderantemente regional.

A efectos del servicio a clientes no hay ninguna diferencia entre cajas de ahorros y bancos, ya que ofrecen el mismo tipo de servicios y están sometidas a la misma legislación. La única diferencia entre ellos es su forma corporativa y de gestión.

ACTIVIDADES

1. Compara los bancos con las cajas de ahorros desde estas áreas.

	BANCOS	CAJAS DE AHORROS
Forma jurídica.		
Servicios al cliente.		
Apropiación de beneficios.		
Tipo de clientes.		
Ubicación geográfica.		
Gestión.		

2. Como ya hemos mencionado anteriormente, la principal característica de las cajas de ahorros es que parte del beneficio obtenido (30%) debe destinarse a obras de carácter social.
Piensa en actividades que realizan las obras sociales.

Categoría	Actividades
Asistencia social y sanitaria.	• Ayuda a la tercera edad. • • •
Educación e investigación.	• Apoyo a formación profesional. • • •
Patrimonio histórico-artístico y Medio Ambiente.	• Restauración y conservación de obras de arte. • • •

3. Los bancos y las cajas de ahorros son intermediarios que proporcionan financiación. Hay otros intermediarios que ofrecen otros servicios más específicos como cobertura de riesgo o generan activos derivados. Clasifica estos intermediarios según ofrezcan cobertura o activos derivados.

Compañías de Seguros • Fondos de Pensiones • Sociedades y Fondos de Inversión
Mutualidades de Seguros • Cooperativas de Seguros • Fondos de Capital y Riesgo

ENTIDADES QUE OFRECEN COBERTURA DE RIESGO	ENTIDADES QUE GENERAN ACTIVOS DERIVADOS

4.2. | Comprensión auditiva

En la televisión

A continuación vas a escuchar una parte de un programa televisivo en el que se trata el tema de la banca. Escucha la audición y elige la respuesta que consideres más adecuada.

1. El servicio en línea se usa principalmente para:

☐ **a.** Transferencias bancarias, pagos y consultas.

☐ **b.** Impuestos bancarios, pagos y consultas.

☐ **c.** Transferencias bancarias, pagos y pensiones.

3. Algunos de los servicios que ofrecen los bancos por Internet son:

☐ **a.** Pagar recibos.

☐ **b.** Ir de copas.

☐ **c.** Sacar dinero.

2. Al usar el sistema en línea debemos tomar:

☐ **a.** Más precaución que al hacerlo con una tarjeta de crédito.

☐ **b.** Menos precaución que al hacerlo con una tarjeta de crédito.

☐ **c.** Igual precaución que al hacerlo con una tarjeta de crédito.

4. ¿Qué consejos nos ha dado D. Ramón si nos vemos forzados a acceder al servicio de banca por Internet para llevar a cabo alguna transacción en un lugar público?

☐ **a.** Cambiar la clave bancaria del ordenador y acceder a las normas de seguridad de nuestra entidad.

☐ **b.** Cambiar la clave de seguridad del ordenador e ir al banco.

☐ **c.** Cambiar la clave cada vez que usamos el ordenador e ir al banco.

5 | Competencia intercultural

5.1. | Saber reclamar y conocer el mundo bancario español y europeo

Ejercicio 1. Quejarse

En esta ocasión vamos a dar información sobre el proceso de reclamación en un banco (Alumno A) y sobre las principales características de algunos de los sistemas bancarios europeos (Alumno B).

ALUMNO A - LAS QUEJAS

Si alguna vez tienes que reclamar en un banco porque no te satisfacen los servicios que te han prestado, debes tener en cuenta las diferentes fases de la reclamación y las entidades que forman parte de ella. Lee el siguiente texto e intenta explicarle a tu compañero, con tus propias palabras, la información que has obtenido.

Cuando hay una queja de un cliente sobre alguno de los servicios que una entidad ofrece debemos tener en cuenta que contamos con varias fases que dependen del mayor o menor grado de satisfacción que como clientes hemos obtenido.

La primera opción que tenemos es la de reclamar en la propia oficina bancaria dirigiéndonos al director de la sucursal.

La segunda opción consiste en reclamar en el Servicio de Defensa del Cliente. En este caso, la reclamación se realiza por escrito y debe ser resuelta en un periodo de dos meses.

La última opción, si ninguna de las anteriores ha sido de su satisfacción, consiste en que el cliente debe emitir la queja al Servicio de Reclamaciones del Banco de España por escrito, expresando quién denuncia, a quién denuncia y los hechos que han ocasionado la queja. La respuesta se obtendrá en un plazo de tres meses como máximo.

¿Sabes algo sobre las diferencias que hay en el sistema bancario de algunos países europeos? Pregunta a tu compañero para que te dé la información.

ALUMNO B - SISTEMAS BANCARIOS EN EUROPA

A continuación te vamos a dar información de las peculiaridades que poseen algunos sistemas bancarios europeos. Lee la información y explícale a tu compañero, con tus propias palabras, las diferencias existentes en el área de la banca de varios países de Europa.

Italia. Su sistema bancario no es muy eficaz pues existen problemas de intervención política. A nivel tecnológico posee entidades bancarias limitadas.

Francia. Posee grandes bancos muy competitivos, con un porcentaje alto de eficiencia. Para un banco extranjero es muy difícil entrar en su sistema bancario y crecer.

Holanda. Su banca está orientada al exterior y posee una gran capacidad de comercialización. También resulta muy difícil para un banco extranjero entrar en su sistema bancario.

Escandinavia. Su banca es universal, pero su rentabilidad está por debajo de la española.

Reino Unido. Con gran presencia de la banca de inversión y muchas entidades pequeñas y medianas con muchas posibilidades de desaparecer.

Portugal. Bancos de reducido tamaño y con bajos índices de eficiencia.

Si no te sintieras satisfecho con el servicio que te ha prestado un banco, ¿sabes lo que debes hacer para reclamar? Pregunta a tu compañero y te dará toda la información necesaria.

Ejercicio 2. Reclamar

Te exponemos a continuación situaciones que pueden resultar problemáticas a la hora de solicitar un servicio bancario. Marca cuáles de ellas crees que supondrían un motivo de reclamación en tu país o para ti y cuáles no. Si has vivido alguna de estas situaciones en alguna ocasión nos gustaría saber cómo ocurrió todo.

SITUACIONES	¿RECLAMACIÓN?
Cobro excesivo de comisión por cambio de divisas.	
El banco ha pagado un recibo de teléfono a una compañía de la que te habías dado de baja como cliente hace seis meses.	
Te han cargado en la cuenta una cuota anual de mantenimiento excesiva por el uso de la tarjeta de crédito.	
Te cargan en la cuenta un cobro de comisiones por una cuenta corriente que no habías dado de baja y que ya no usas.	
Tardan un mes en darte una nueva tarjeta de crédito por sustracción.	
El cajero automático de una entidad bancaria diferente a la tuya no te ha devuelto la tarjeta cuando realizabas una retirada de efectivo y los trámites burocráticos entre las dos entidades son muy lentos, llegando a tardar quince días en devolvértela.	
Solicitas en una entidad bancaria una cantidad determinada en moneda extranjera para realizar un viaje y tarda en llegar más tiempo del que te habían comunicado.	

Un señor fue a pedir un crédito a una entidad bancaria y esta, antes de conceder el préstamo y para asegurarse de que su potencial cliente no era moroso, consultó en la lista de ASNEF (Asociación Nacional de Establecimientos Financieros de Crédito).

Al día siguiente, el banco le comunicó que aparecía como moroso y que su deuda ascendía a 3500 euros en concepto de compras adquiridas por Internet, por medio de una tarjeta visa emitida por una entidad bancaria diferente.

El cliente informó a la sucursal de que él no había realizado tales compras y que efectivamente, sí era cierto que había realizado la solicitud de dicha tarjeta a otra entidad pero que aún no la había recibido.

Ha realizado una reclamación a dicha entidad y no la han aceptado. Por lo tanto, como segunda opción, debe realizar una reclamación por escrito al Servicio de Defensa del Cliente.

Intenta ayudar a este señor escribiendo una reclamación que vaya dirigida al director del Servicio de Defensa del Cliente.

SERVICIO DE DEFENSA DEL CLIENTE
C/ Joaquina Aguarrás, 67
18010 Granada

D/dña _____ con domicilio en _____
c/ _____ n.º ____ Piso ___ Letra ___ C.P. ___ y con DNI _____

EXPONE: _____
_____
_____
_____
_____

SOLICITA: _____
_____
_____
_____

En _____ , a ____ de _____ de ____ .

Firmado:

A/A: Sr. Director del Servicio de Defensa del Cliente

Tarea final

TAREA:
- Realizar todo el procedimiento para la presentación y tramitación de las quejas y reclamaciones ante una entidad bancaria, así como realizar y recibir quejas relacionadas con el mundo de la banca.

ROLES:
Empleado/a de una entidad bancaria. / Cliente de una entidad bancaria.

OBJETIVOS:

Empleado: informar al cliente del proceso de reclamación en su entidad y tramitar dicho proceso.

Cliente: informarse del procedimiento de reclamación y realizar una queja a una entidad bancaria por un servicio mal realizado.

PREPARACIÓN:
- Diferenciar las características del cheque, el pagaré, el recibo, etc.
- Diferenciar el significado de algunos términos bancarios que pertenecen al mismo campo léxico.
- Expresar lo que dicen otras personas.
- Expresarse adecuadamente en situaciones relacionadas con el mundo bancario.
- Diferenciar los elementos que componen el sistema financiero español y sus funciones.
- Actuar de mediador y asesor en situaciones reales relacionadas con el mundo de la banca.

ALUMNO A:

Soy un empleado del departamento del Servicio de Atención al Cliente de una entidad bancaria llamada *La Perragorda*. Necesito informar del reglamento para la presentación, tramitación y resolución de las quejas y reclamaciones realizadas por nuestros clientes. También debo informar a un cliente que quiere hacer una reclamación relacionada con las comisiones de su tarjeta y algunos aspectos de su crédito hipotecario.

1. Objetivos:
- Pensar en el plazo de presentación que estableceremos para la realización de quejas.
- Establecer la forma, el contenido y el lugar de presentación.
- Pensar en los parámetros para la admisión a trámite de las quejas y reclamaciones.

2. Lo que debemos hacer:
- ¿De qué elementos debe constar el documento en el que se establecen las reclamaciones?
- ¿Qué distintas formas de presentación de las quejas tiene el cliente?
- ¿Cuáles son los elementos de los que consta un crédito hipotecario?
- ¿En qué consisten los tres procesos de reclamación en bancos?
- Léxico relacionado con la renta y el interés.
- Teniendo en cuenta las características de los bancos y las cajas, pensar en las ventajas y desventajas de ambos tipos de entidades a la hora de abrir una cuenta o crear un depósito o fondo.

3. Manos a la obra:

Una vez que hemos realizado las tareas del punto "lo que debemos hacer", debemos pasar a la acción y para ello vamos a hacer las siguientes actividades:

3.1. Plazo de presentación.- Debo informar al cliente de que el plazo para la presentación de las quejas y reclamaciones ante nuestro Servicio de Atención al Cliente será de dos meses a contar desde la fecha en que el cliente tuviera conocimiento de los hechos causantes de la queja o reclamación.

3.2. La presentación de las quejas y reclamaciones podrá efectuarse, personalmente o mediante presentación, en soporte papel o por medios informáticos, electrónicos o telemáticos, siempre que estos permitan la lectura, impresión y conservación de los documentos.

3.3. El procedimiento se iniciará mediante la presentación de un documento en el que se hará constar:
   a. Nombre, apellidos y domicilio del interesado y, en su caso, de la persona que lo represente, debidamente acreditada; número del Documento Nacional de Identidad.
   b. Motivo de la queja o reclamación con especificación clara de las cuestiones sobre las que se solicita la queja.
   c. Oficina, departamento o servicio donde se hubieran producido los hechos objeto de la queja o reclamación.
   d. Lugar, fecha y firma.

3.4. Respecto a la admisión a trámite debemos tener en cuenta estos puntos:
   3.4.1. Recibida la queja o reclamación por la entidad esta deberá ser remitida al Servicio de Atención al Cliente a la mayor brevedad y se procederá a la apertura de un expediente. El Servicio de Atención al Cliente dejará constancia por escrito de la fecha de presentación. El cómputo del plazo límite comenzará a contar desde la presentación de la queja o reclamación en cualquier oficina o entidad.
   3.4.2. Si no se encontrase suficientemente acreditada la identidad del reclamante o no pudiesen establecerse con claridad los hechos objeto de la queja o reclamación, se le requerirá completar la información o documentación en el plazo de diez días naturales, si no lo hiciese así se archivará la queja o reclamación sin más trámites.
   3.4.3. Solo podrá rechazarse la admisión a trámite de las quejas y reclamaciones en los casos:
      a. Cuando se omitan datos esenciales para la tramitación, incluidos los supuestos en que no se concrete el motivo de la queja o reclamación.
      b. Cuando los hechos, razones y solicitud en que se concreten las cuestiones objeto de la queja o reclamación no se refieran a operaciones concretas.
      c. Cuando se formulen quejas o reclamaciones que reiteren otras anteriores ya resueltas, presentadas por el mismo cliente en relación con los mismos hechos.
      d. Cuando hubiera transcurrido el plazo para la presentación de quejas y reclamaciones que establece el presente reglamento.
   3.4.4. Cuando se considere no admisible a trámite la queja o reclamación, por alguna de las causas indicadas, se comunicará al interesado mediante decisión motivada, dándole un plazo de diez días naturales para que presente sus alegaciones.

3.5. Pensar en todo lo relacionado con los tipos de créditos hipotecarios, tipos de interés, tipos de comisiones, etc.

Una vez aclarados todos los puntos anteriores, debemos buscar a alguien de la clase cuyo rol sea el de cliente de nuestra entidad (Alumno B) para aclararle las dudas que nos plantee.

ALUMNO B:

Somos clientes de una entidad bancaria llamada La Perragorda y no estamos satisfechos con algunos de los servicios ofrecidos por dicha entidad. Los aspectos que queremos reclamar están relacionados con el cobro excesivo de comisiones de nuestra tarjeta de crédito y algunos aspectos relacionados con nuestro crédito hipotecario. Asimismo, nos queremos informar sobre el reglamento que dicha entidad tiene establecido en lo concerniente al procedimiento para la presentación y tramitación de las quejas y reclamaciones.

1. Objetivos:
- Informarnos del plazo de presentación para la formulación de quejas.
- Conocer la forma, el contenido y el lugar de presentación de dichas quejas.
- Informarnos del procedimiento de admisión a trámite de las quejas y reclamaciones.

2. Lo que debemos hacer:
- Pensar por qué no estamos satisfechos en cuanto al tipo de comisiones que la entidad nos ha cargado en la cuenta.
- Preguntar por el proceso de tramitación de quejas y reclamaciones.
- Informarnos sobre el plazo de presentación de la queja o reclamación.
- Preguntar qué distintos medios de presentación de la queja tenemos.
- Preguntar sobre el proceso de admisión a trámite.
- Informarnos sobre las condiciones de rechazo en el trámite de quejas.
- Quejarnos sobre algunas condiciones relacionadas con el crédito hipotecario que hemos solicitado en dicha entidad bancaria, que puedan estar relacionadas con la comisión de apertura, de cancelación, los tipos de interés o cualquier otra área.
- Rellenar el siguiente documento para presentar la reclamación o formular la queja.

LA PERRAGORDA S.L.   Dpto. de Atención al Cliente
C/Mi tesoro, s/n
28900 Madrid

Nombre: _____ Apellidos: _____
Domicilio: c/ _____ n.º ___ Piso ___ Letra ___ C.P. _____
Ciudad _____ Provincia _____ DNI _____

Motivo de la queja o reclamación: _____
_____
_____
_____

Solicito: _____
_____
_____

En _____ , a ___ de _____ de ____ .

Firmado:

Una vez aclarados todos los puntos anteriores, debemos buscar a alguien de la clase cuyo rol sea el de empleado de nuestra entidad (Alumno A) para que nos aclare las dudas acerca de la presentación de quejas y reclamaciones.

Autoevaluación

Sección 1	Sí	No	Un poco	Preguntas/Dudas
Eres capaz de diferenciar las características del cheque, el pagaré, el recibo, etc.				
Eres capaz de utilizar adecuadamente los documentos mencionados anteriormente.				

Sección 2	Sí	No	Un poco	Preguntas/Dudas
Eres capaz de diferenciar el significado de algunos términos bancarios que pertenecen al mismo campo léxico.				

Sección 3	Sí	No	Un poco	Preguntas/Dudas
Eres capaz de expresarte adecuadamente cuando solicitas una hipoteca.				

Sección 4	Sí	No	Un poco	Preguntas/Dudas
Eres capaz de diferenciar los elementos que componen el sistema financiero español y sus funciones.				

Sección 5	Sí	No	Un poco	Preguntas/Dudas
Eres capaz de contrastar tu cultura con la cultura española en lo que se refiere al proceso de reclamaciones bancarias.				
Eres capaz de actuar de mediador y asesor en situaciones reales relacionadas con el mundo de la banca.				

UNIDAD 8

Calidad de empleo y riesgos laborales

1. Competencia pragmática	2. Competencia lingüística	3. Competencia sociolingüística	4. Competencia sociocultural	5. Competencia intercultural
1.1. Competencia discursiva • El parte de accidente de trabajo	**2.1. Competencia léxica** • Herramientas y equipos de trabajo • Los trabajos y sus enfermedades	**3.1. Registros** • Parámetros para medir la calidad del empleo	**4.1. Competencia cultural** • La Seguridad Social	**5.1.** Instituto Nacional para la Seguridad e Higiene en el Trabajo (INSHT)
			4.2. Comprensión auditiva • La Ley de Prevención de Riesgos Laborales	

Tarea final

En esta unidad vamos a:

- Aprender a cumplimentar un Parte Oficial de Accidente Laboral.
- Investigar lo que se debe hacer en caso de accidente laboral por medio del árbol de causas.
- Aprender los elementos que componen algunos equipos de trabajo y sus herramientas.
- Analizar las enfermedades que conlleva la realización de algunos trabajos.
- Aprender a ver los parámetros que nos permiten medir la calidad del empleo.
- Ampliar nuestro conocimiento sobre el funcionamiento y la estructura de la Seguridad Social.
- Conocer la normativa impuesta por la Ley de Prevención de Riesgos Laborales.
- Conocer las funciones del Instituto Nacional para la Seguridad e Higiene en el Trabajo y su forma de actuar.

Competencia pragmática

1.1. | Competencia discursiva

El parte de accidente de trabajo

¿Cómo cumplimentar un Parte Oficial de Accidente Laboral?

Cualquier tipo de actividad laboral conlleva unos riesgos para la salud de quien la realiza. La Ley de Prevención de Riesgos Laborales se ocupa de las incidencias que el trabajo pueda tener en la salud de los trabajadores. Todo empleado tiene derecho a conocer los riesgos y las medidas que debe tomar el empresario para evitarlos. Por lo tanto, es un derecho del trabajador el exigir una total transparencia en esta materia.

¿Cuáles pueden ser las causas de un accidente laboral?

El accidente laboral puede ser el resultado de una interacción en la que intervienen varios factores, entre los cuales están las condiciones de trabajo y la actitud que el trabajador mantiene en el desempeño de su tarea.

¿Podrías pensar en las posibles causas de un accidente dentro de estos campos?

CONDICIONES DE TRABAJO

Condiciones ambientales:
- Iluminación.
-
-
-
-

Equipo de trabajo:
- Herramientas obsoletas.
-
-
-
-

Organización del trabajo:
- Trabajo monótono.
- Jornada laboral excesiva.
-
-
-

Relaciones laborales:
- Negligencia.
-
-
-
-

ACTITUD DEL TRABAJADOR
- Exceso de confianza.
-
-
-
-

¿Qué se debe hacer en caso de accidente laboral?

- Cuando se produce un accidente que ocasiona baja médica de al menos un día (además del día del accidente), el empresario tiene la obligación de cumplimentar el original y cuatro copias del Parte Oficial de Accidente de Trabajo.

- El empresario debe enviar dos copias del parte a la Mutua (Compañía de Seguros), en el plazo máximo de cinco días hábiles. Una copia quedará en la empresa y la otra debe entregarse al trabajador accidentado.

- En caso de accidentes graves, muy graves, mortales o múltiples (aquellos que, aun siendo leves, afecten a más de cuatro trabajadores), el empresario, además de emitir los correspondientes Partes, tiene el deber de comunicar el accidente a la autoridad laboral en el plazo máximo de 24 horas.

- Los accidentes sin bajas médicas (leves) deben incluirse en un Parte mensual que igualmente presenta la empresa a la Mutua en los cinco primeros días del mes siguiente.

1. Ordena los siguientes eventos teniendo en cuenta lo que se debe hacer en caso de un accidente laboral grave.

1	2	3	4	5	6

a. Se entrega una copia del Parte al trabajador accidentado.

b. Sucede un accidente grave.

c. Una copia del Parte se queda en la empresa.

d. Se comunica el accidente a la autoridad laboral en 24 horas como máximo.

e. Se envían dos copias del Parte a la Mutua.

f. El empresario rellena el Parte Oficial de Accidente de Trabajo.

Datos que incluye un Parte Oficial de Accidente de Trabajo:

- Datos del trabajador accidentado.
- Datos de la empresa.
- Circunstancias del accidente.
- Datos referidos al propio accidente: forma en que se produjo, grado de la lesión, etc.
- Datos económicos para el cálculo de la indemnización.

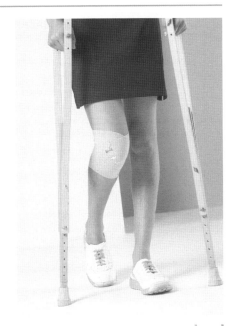

PARTE DE ACCIDENTE DE TRABAJO

(Por favor, antes de cumplimentar, lea las instrucciones y no escriba en los espacios sombreados)

PAT
Accidente [1] [ ]   Recaída [2] [ ]

1. DATOS DEL TRABAJADOR

Apellido 1.º: .... Apellido 2.º: .... Nombre: .... Sexo: Varón [1] [ ]   Mujer [2] [ ]

N.º Afiliación Seguridad Social (NAF) (1)   Fecha Ingreso en la empresa   Fecha nacimiento   Nacionalidad (2)

| | | | | | | | | | | | | | | | | | | | | | | | | | | Española [ ]   Otra [ ] ....

Identificador Persona Física(IPF) (3)   Ocupación del trabajador: (4)   CNO-94   Antigüedad puesto trabajo (5)   Tipo contrato (6)

| | | .... | | | meses | | | días | | | | |

Situación profesional (marque con una X la que corresponda):   [ ] Asalariado sector privado   [ ] Autónomo sin asalariados

[ ] Asalariado sector público   [ ] Autónomo con asalariados

Régimen Seguridad Social (7) | | | Convenio aplicable: ....   Epígrafe de AT y EP | | |

Domicilio: ....   Teléfono: ....   Provincia: ....   Municipio: ....   Código Postal: ....

2. EMPRESA EN LA QUE EL TRABAJADOR ESTÁ DADO DE ALTA EN LA SEGURIDAD SOCIAL

Nombre o Razón Social: CIF o NIF (8)   Código C. Cotización en la que está el trabajador (9)

.... | | | | | | | | | | | |

Domicilio que corresponde a esa Cuenta de Cotización (C.C.): ....   Provincia: .... | |

Municipio: .... | | | Código Postal: | | | | | Teléfono:......................

Actividad económica principal correspondiente a esa C.C. (10):   CNAE-93   Plantilla correspondiente a esa C.C. (11)

.... | | | | |

Marca si actuaba en el momento del accidente como: [ ] Contrata o subcontrata   [ ] Empresa de Trabajo Temporal

¿Cuál o cuáles de las siguientes son las modalidades de organización preventiva adoptadas por la empresa?:

[ ] Asunción personal por el empresario de la actividad preventiva de la empresa   [ ] Servicio de prevención propio   [ ] Servicio de prevención ajeno

[ ] Trabajador(es) designado(s)   [ ] Servicio de prevención mancomunado   [ ] Ninguna

3. LUGAR Y/O CENTRO DE TRABAJO DONDE HA OCURRIDO EL ACCIDENTE

LUGAR

Lugar del accidente: [ ] En el centro o lugar de trabajo habitual   [ ] En otro centro o lugar de trabajo   [ ] En desplazamiento en su jornada laboral   [ ] Al ir o al volver del trabajo, "in itinere" (*)

(*) En estos casos, los datos del centro se cumplimentarán con los correspondientes al centro de trabajo habitual.

[ ] Además, marque si ha sido accidente de tráfico

Si el accidente se ha producido en un lugar ubicado fuera de un centro de trabajo, indicar su situación exacta (país, provincia, municipio, calle y número, vía pública o punto kilométrico), otro lugar:

País: ....   Provincia: .... | | Municipio: .... | | |

Calle y número: ....   Vía pública y punto kilométrico: ....

Otro lugar (especificar): ....

CENTRO DE TRABAJO

[ ] Marque si el centro de trabajo pertenece a la empresa en la que está dado de alta el trabajador (empresa del apartado 2)

[ ] Marque si el centro pertenece a otra empresa (en este caso indicar a continuación su relación con la empresa del apartado 2)

[ ] Contrata o subcontrata   Cumplimentar CIF o NIF [_____]

[ ] Contrata o subcontrata   Cumplimentar CIF o NIF [_____]

[ ] Contrata o subcontrata   Cumplimentar CIF o NIF [_____]

2. Lee esta noticia aparecida en un periódico sobre un accidente laboral.

SUCESOS

Un obrero de la construcción muere en Armilla (Granada) al caer desde 12 metros

Un obrero de 45 años, Antonio Muros Fuerte, murió ayer cuando trabajaba en las obras de construcción de unas naves industriales de Armilla. Cayó desde una altura de 12 metros. El trabajador estaba colocando unas planchas metálicas en la cubierta del edificio cuando, por causas desconocidas, perdió el equilibrio y se precipitó al vacío.

El accidente mortal se registró sobre las doce y media de la mañana, frente al número 27 de la calle V del polígono industrial Eupolis, en Armilla. Antonio Muros, que trabajaba para una empresa especializada en cubiertas, estaba instalando las mamparas laterales del tejado. Cayó de cabeza, lo que le causó un traumatismo craneoencefálico muy grave.

Otros dos obreros que trabajaban junto a él se percataron de la caída de su compañero, que yacía inmóvil en el suelo, por lo que pidieron ayuda en el teléfono de emergencias 112. Al lugar del accidente acudió una UVI móvil del Servicio de Emergencias y Rescate de Granada, cuyo médico solo pudo certificar su muerte. La víctima había entrado en parada cardiorrespiratoria como consecuencia del fuerte golpe que sufrió en la cabeza.

Los compañeros señalaron que no entendían cómo se podía haber producido el accidente, ya que el trabajador llevaba colocado el arnés de seguridad. Este dispositivo deja colgado al obrero en caso de que pierda el equilibrio. "Siempre se sujeta a las zonas de soldadura, que están diseñadas para aguantar miles de kilos de peso", explicó un encargado de la obra.

El sindicato CC.OO. (Comisiones Obreras) anunció que investigará las causas del accidente y que denunciará a la empresa ante el fiscal si el informe final determina que se debió al incumplimiento de la Ley de Prevención de Riesgos Laborales.

ACTIVIDADES

1. Una vez leída la noticia, ¿podrías completar el Parte Oficial de Accidente de Trabajo, que has estudiado anteriormente?

2. A partir del momento en que ocurre un accidente, se debe poner en marcha un proceso para recoger un conjunto de datos con el objetivo de determinar las causas de dicho accidente.

La técnica de recogida de información se denomina "el árbol de causas". Este método es una especie de "viaje al pasado" con el fin de reconstruir el accidente.

¿Podrías completar este "árbol de causas" del caso anterior?

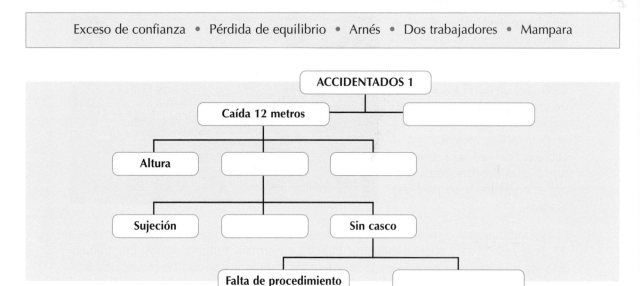

> Exceso de confianza • Pérdida de equilibrio • Arnés • Dos trabajadores • Mampara

ACCIDENTADOS 1

Caída 12 metros

Altura

Sujeción

Sin casco

Falta de procedimiento

3. Como habrás apreciado, en el "árbol de causas" aparece información que no estaba en la descripción original del accidente. La información complementaria se ha obtenido a través de una Investigación Sindical del Accidente de Trabajo que se lleva a cabo siempre que ocurre un accidente grave.

Intenta rellenar este cuestionario de una Investigación Sindical siguiendo la información del caso anterior.

1.1. Condiciones y ambiente de trabajo en que se ha producido el accidente.

¿Las condiciones ambientales en el momento del accidente eran las habituales? (En caso de respuesta negativa explicar por qué).

_____

_____

_____

¿Qué factores de los que a continuación señalamos se pueden considerar que han influido en el accidente?

☐ Temperatura, humedad, ventilación.   ☐ Movimientos repentinos.

☐ Iluminación.   ☐ Horarios o turnos insatisfactorios.

☐ Ruido, vibraciones.   ☐ Ritmo de trabajo elevado.

☐ Humos, gases, vapores.   ☐ Trabajo monótono, rutinario.

☐ Polvo.   ☐ Relaciones conflictivas.

☐ Fatiga física o mental.   ☐ Estrés.

☐ Posturas forzadas, incómodas.

1.2. Estado de las instalaciones, máquinas, herramientas, etc.

¿Se realizan operaciones periódicas de mantenimiento? (Si la respuesta es afirmativa, ¿cuándo se realizó el último control?).

_____

_____

¿Las instalaciones, máquinas o herramientas implicadas en el accidente estaban dotadas de sistemas de seguridad? (Si la respuesta es afirmativa, ¿dicha protección era suficiente?).

_____

_____

¿El accidente ha ocurrido por supresión de alguno de los sistemas de seguridad? (Si la respuesta es afirmativa, ¿había sido avisado el trabajador?).

_____

_____

1.3. Medios de protección personal.

¿El accidentado tenía a su disposición medios de protección personal?

_____

_____

¿Dichos medios de protección personal estaban en buen estado?

_____

_____

¿El accidentado utilizaba los medios de protección personal a su disposición en el momento del accidente?

_____

_____

1.4. Aspectos de prevención.

¿El accidente podía haberse evitado? ¿Cómo?

_____

_____

¿Alguno de los factores que han provocado este accidente habían causado con anterioridad otros accidentes o incidentes? ¿Cuáles?

_____

_____

1.5. Observaciones.

_____

_____

_____

4. Ahora, busca un accidente en el periódico, analiza e investiga las causas del mismo a través de este cuestionario.

5. Haz "un árbol de causas" de ese accidente, una vez que has recopilado toda la información.

Competencia lingüística

2.1. | Competencia léxica

Herramientas y equipos de trabajo. Los trabajos y sus enfermedades

Una de las medidas mínimas que deben adoptarse para la adecuada protección de los trabajadores, es garantizar que la presencia o utilización de los equipos de trabajo puestos a su disposición en la empresa o centro de trabajo, no causen riesgos para la seguridad o salud de los mismos.

Un equipo es una colección de utensilios, instrumentos y aparatos especiales para un fin determinado.

Un equipo de protección individual (EPI) es cualquier equipo destinado a ser llevado por el trabajador para que le proteja de uno o varios riesgos que puedan amenazar su salud o seguridad en el trabajo.

 ACTIVIDADES

1. Aquí tienes una lista de vocabulario que pertenece respectivamente a una de las definiciones anteriormente dadas. Sepáralo en su respectiva clasificación escribiendo E (equipo) o EPI (equipo de protección individual) a la derecha del concepto.

Tornillos.	
Una palanca.	
Un taladro.	
Una soldadora.	
Máquinas para movimiento de tierras.	
Un martillo.	
Un arnés.	
Un destornillador.	
Unos guantes.	
Una sierra de disco.	
Unas botas antideslizantes.	
Un horno.	
Un casco.	
Una mascarilla.	

2. El uso de los diferentes equipos expone al trabajador a ciertos peligros. Relaciona cada equipo con el riesgo que conlleva.

Equipo		Riesgos y peligros
1. Una jeringa	➡	
2. Escaleras plegables	➡	
3. Una toma de corriente	➡	
4. Detergentes	➡	
5. Un taladro	➡	
6. Frigoríficos	➡	
7. Calderas	➡	
8. Un hacha	➡	
9. Una soldadora	➡	
10. Sierra eléctrica	➡	

3. ¿Podrías distinguir en los siguientes supuestos cuál corresponde a la categoría de enfermedad profesional y cuál a la de accidente laboral?

a. Un trabajador de la mina que padece una silicosis por estar continuamente expuesto a la inhalación de polvo de sílice:	
b. Un trabajador de una fábrica de muebles que se corta un dedo usando una máquina de sierra de madera:	
c. Un cocinero ha sufrido quemaduras de segundo grado:	
d. Una trabajadora que se dedica a levantar exceso de peso y por el sobreesfuerzo sufre una hernia inguinal o discal:	
e. Un empleado que está expuesto a agentes químicos y desarrolla una enfermedad respiratoria o de la piel:	
f. Una empleada que desarrolla una progresiva sordera provocada por el ruido de su equipo de trabajo:	
g. Un empleado resbala por las escaleras de la oficina:	
h. Un trabajador sufre el acoso de sus jefes lo cual le provoca depresión psíquica:	
i. Un empleado que desarrolla un cáncer por estar expuesto a energía radioactiva, por ejemplo un ayudante técnico sanitario de Rayos-X:	

3 | Competencia sociolingüística

3.1. | Registros

Parámetros para medir la calidad del empleo

El tema de la calidad en el empleo se plantea en el ámbito de la Unión Europea en relación a las directrices para las políticas de empleo de la siguiente manera:

> *El aumento de las tasas de empleo debe ir acompañado de un alza general de la productividad del trabajo. La calidad del trabajo puede contribuir a aumentar la productividad, por lo que debería aprovecharse al máximo las sinergias entre ambos elementos.*

¿Podrías hacer una interpretación de la proclamación del Consejo de la Unión Europea sobre la relación entre productividad y calidad del trabajo?

ACTIVIDADES

1. **Los principales elementos de la calidad en el trabajo pueden ser agrupados en cuatro áreas. Intenta asociar qué elementos de calidad se encuadran en cada una de las respectivas áreas.**

Acceso y estabilidad en el empleo	Salud y seguridad en el trabajo	Formación del trabajador	Conciliación del trabajo con la vida familiar

1. Es necesario ofrecer una flexibilidad en los horarios de trabajo y en la jornada laboral.

2. Creación de guarderías y escuelas públicas cercanas al puesto de trabajo.

3. Hay que asegurar las condiciones adecuadas de trabajo, desde el punto de vista de la seguridad y de la salud física y psíquica.

4. Es necesario desarrollar las capacidades de los trabajadores promocionando la formación permanente.

5. Los trabajos deben ser intrínsecamente satisfactorios, compatibles con las capacidades de las personas y con un nivel apropiado de ingresos.

6. Promocionar la igualdad de oportunidades entre mujeres y hombres, tanto en salarios como en posibilidades de carrera profesional.

7. Facilitar el acceso y permanencia en el mercado de trabajo a todos los trabajadores, especialmente a aquellos grupos con dificultades (jóvenes, parados de larga duración, mujeres, etc.).

8. Crear políticas de prevención de riesgos laborales incluyendo los llamados riesgos psicosociales (acoso laboral).

9. Ofrecer al trabajador la posibilidad de realizar cursos que le capaciten para los cambios profesionales y tecnológicos.

10. Asegurar que los usos y disposiciones laborales, especialmente asociados al tiempo de trabajo, permitan un equilibrio entre la vida laboral y la vida fuera del trabajo.

11. Es necesario evitar y eliminar la temporalidad y reducir el número de contratos temporales.

12. Informar al trabajador de los posibles riesgos laborales a los que se enfrenta en la realización de su trabajo así como de los medios para poder evitarlos.

2. Te mostramos a continuación un gráfico en el que se establecen cuáles de las cuatro áreas anteriores han sido mejor y peor calificadas por los trabajadores de una empresa. Escribe un texto en el que interpretes dicho gráfico.

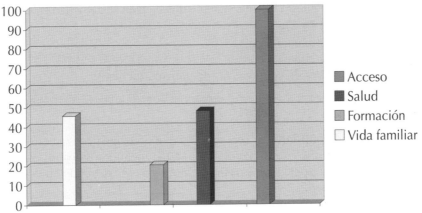

4 Competencia sociocultural

4.1. | Competencia cultural

La Seguridad Social

La Seguridad Social es el sistema a través del cual el Estado garantiza a los ciudadanos una serie de medidas que aseguran asistencia y prestaciones sociales en situaciones de necesidad.

Objetivos de la Seguridad Social:

- Velar por las personas que están en la imposibilidad –temporal o permanente– de obtener ingresos.
- Satisfacer sus necesidades, proporcionándoles:
  - recursos financieros;
  - determinados bienes o servicios.

A. ¿Quiénes están incluidos en el sistema de la Seguridad Social?

Para determinar qué personas están incluidas, hay que partir de la distinción entre prestaciones contributivas y no contributivas.

- **Prestaciones contributivas:** son aquellas que requieren una cotización previa en la Seguridad Social. Por lo tanto, están incluidos todos los españoles, así como extranjeros que residan o se encuentren legalmente en España, siempre que ejerzan su actividad en territorio nacional y se hallen comprendidos en alguno de los siguientes apartados:
  - Trabajadores por cuenta propia.
  - Trabajadores por cuenta ajena.
  - Socios trabajadores de cooperativas de trabajo asociado.
  - Estudiantes.
  - Funcionarios.

- **Prestaciones no contributivas:** son aquellas que no exigen cotización, financiándose con cargo a los presupuestos del Estado. Por lo tanto, están incluidos todos los españoles residentes en territorio nacional. Respecto a los nacidos en otros países dependerán de los tratados o convenios entre su país y España.

Piensa en tus circunstancias personales y explica a tus compañeros si tienes derecho o no a estar incluido en el sistema.

B. ¿Quién debe efectuar la cotización?

Tiene la obligación de cotizar tanto el empresario como el trabajador, en el porcentaje que la legislación establece en cada año.

El ingreso de las cuotas de la empresa y de las retenciones a los trabajadores es responsabilidad del empresario, que deberá realizar dicho ingreso con carácter mensual.

C. ¿Cuál es la estructura del sistema de la Seguridad Social?

El sistema español de la Seguridad Social está integrado por los siguientes regímenes:

1. **Régimen General**: en él están incluidos los mayores de 16 años, españoles y extranjeros que residan o se encuentren en España, siempre que en ellos concurra la condición de trabajadores por cuenta ajena en las distintas ramas de la actividad económica.

2. **Regímenes Especiales**: en ellos están incluidas determinadas actividades profesionales por su naturaleza, sus peculiares condiciones de tiempo y lugar o por la índole de sus procesos productivos. Dentro de esta categoría están las siguientes áreas profesionales:
   - Trabajadores del mar.
   - Trabajadores por cuenta propia o autónomos.
   - Empleados de hogar.
   - Trabajadores agrarios.
   - Minería del carbón.

D. ¿Qué es la afiliación a la Seguridad Social?

Es el acto administrativo por el que una persona es incluida en el Sistema de la Seguridad Social (S.S.) y adquiere la condición de Afiliado al recibir el Documento de la Afiliación a la Seguridad Social (Tarjeta de la Seguridad Social).

En la tarjeta aparece el número de la S.S., que tiene carácter único y vitalicio, independiente de los cambios que puedan producirse en la situación laboral del trabajador.

E. ¿Cuál es la acción protectora de la Seguridad Social?

La acción protectora de la S.S. comprende un conjunto de prestaciones y medidas que tienen por finalidad prevenir, reparar o superar los estados de necesidad causados por ciertas contingencias, como pueden ser:

Asistencia sanitaria	• Enfermedad. • Maternidad. • Accidentes, sean o no de trabajo.
Prestaciones económicas	• Incapacidad temporal / permanente. • Maternidad. • Desempleo. • Invalidez. • Jubilación. • Cargas familiares.
Prestaciones de servicios sociales	• Reeducación. • Rehabilitación. • Asistencia a la tercera edad.
Beneficios de la asistencia social	• Asilos. • Guarderías. • Escuelas para necesidades especiales.

En el periódico hemos visto una serie de consultas y dudas relacionadas con el mundo laboral y la Seguridad Social. ¿Podrías responder o aclarar estas dudas?

1. Un señor de origen australiano ha sido destinado a una filial que su compañía tiene en Jaén (España) y le gustaría saber qué pasos debe seguir para obtener las prestaciones contributivas en caso de cualquier contingencia.

....
....
....

2. Un pescador, de origen guineano pero nacionalizado español, trabaja por cuenta propia con una pequeña barca de pesca. Nos pregunta si su mujer, embarazada, tiene derecho a asistencia en el parto en cualquier hospital.

....
....
....

3. Una señora en su camino al trabajo ha sido atropellada por una motocicleta. Ha sufrido heridas leves, pero tendrá que ir a rehabilitación ya que se queja de dolores en la espalda. Su pregunta es si la S.S. le cubrirá los gastos ya que el accidente se produjo fuera del trabajo.

....
....
....

4. Un chico brasileño que solo tiene permiso de residencia y un trabajo temporal, se ha fracturado una pierna jugando al fútbol. Se da la circunstancia de que su contrato había terminado la semana anterior a dicho accidente. Su duda es si la S.S. le cubre los gastos hospitalarios.

....
....
....

5. Un lector no está seguro si la S.S. ofrece los siguientes servicios. ¿Podrías ayudarle?

SERVICIOS	SÍ	NO
Asistencia psicológica.		
Patrocinio de actividades culturales.		
Rehabilitación.		
Servicio de comidas a domicilio.		
Ambulancia.		
Residencias de la tercera edad.		
Medicamentos.		
Dentista.		
Cambio de sexo.		
Abortos.		

6. Una chica ecuatoriana trabaja como empleada de hogar con una familia española. Su trabajo es de 15 horas a la semana que le son pagadas en metálico todos los viernes. Ella no está segura si en caso de enfermedad o incapacidad temporal tendría derecho a algún tipo de prestación económica.

....
....
....

4.2. | Comprensión auditiva

La Ley de Prevención de Riesgos Laborales

A continuación vas a escuchar la entrevista realizada en un programa radiofónico a D. Alberto Tazo, representante sindical, que habla sobre algunos aspectos a tener en cuenta en relación a la Ley de Prevención de Riesgos Laborales y su repercusión en el entorno laboral.

Una vez finalizada la audición elige la opción que consideres correcta.

1. **La Ley de Prevención de Riesgos Laborales tiene por objetivo:**

☐ **a.** Establecer los criterios para velar por la seguridad de la sociedad.

☐ **b.** Establecer las responsabilidades y garantías que velen por la seguridad del trabajador.

☐ **c.** Establecer los valores del trabajo y la calidad laboral.

2. **Las condiciones de trabajo que suponen un daño para la salud pueden ser:**

☐ **a.** Herramientas de trabajo, locales climatizados e instalaciones.

☐ **b.** Equipos de protección individual, equipos de protección colectiva y la oficina.

☐ **c.** Los equipos de trabajo, el lugar y la organización laboral.

3. **La aplicación de la Ley de Prevención de Riesgos Laborales supone:**

☐ **a.** Un límite a la exclusividad del empresario.

☐ **b.** La participación de los sindicatos y los trabajadores.

☐ **c.** Una actuación conjunta del control legislativo, judicial y sindical.

4. **¿Cuáles son los criterios para la intervención preventiva?**

☐ **a.** Evitar los riesgos, sustituir lo peligroso por algo que genere menos peligro, adaptar el empleo al trabajador, combatir los riesgos desde la raíz y dar más prioridad a la protección colectiva que a la individual.

☐ **b.** Sustituir lo peligroso por algo que genere menos peligro, adaptar el empleo al trabajador, combatir los riesgos desde la raíz y dar menos prioridad a la protección colectiva que a la individual.

☐ **c.** Evitar los riesgos, sustituir lo no peligroso por algo que genere más peligro, adaptar el empleo al trabajador, combatir los riesgos y dar más prioridad a la protección colectiva que a la individual.

5 Competencia intercultural

5.1. Instituto Nacional para la Seguridad e Higiene en el Trabajo

Ejercicio 1

Vamos a mejorar nuestra capacidad de investigar por nosotros mismos haciendo un recorrido por el Instituto Nacional para la Seguridad e Higiene en el Trabajo (INSHT). Lo podrás encontrar en la siguiente dirección:

http://www.mtas.es/insht/index.htm

En la página de Inicio verás que hay cuatro sedes que están localizadas en las ciudades de Madrid, Barcelona, Sevilla y Baracaldo (Vizcaya).

Intentemos acercarnos a este Instituto para conocer sus funciones y procedimientos.

En la columna de la izquierda, hacemos clic en INSHT y seguidamente volvemos a hacer clic en Funciones. Escribe una lista con las principales funciones que este organismo realiza.

Un área que también es interesante conocer es la de sus líneas de acción. Para informarnos sobre estas líneas u objetivos haremos clic en el enlace del mismo nombre e intentaremos buscar información para responder a las siguientes preguntas: ¿crees que se queda cubierta completamente el área de la calidad e higiene en el trabajo con sus objetivos? ¿Añadirías o quitarías alguno?

Ahora vamos a hacer clic en Organigrama. Como puedes observar, cada una de las sedes está especializada en un aspecto diferente relacionado con la calidad en el trabajo. ¿Podrías hacer un resumen de las líneas de actuación específicas que cada una de las sedes tiene?

Sede de Madrid: _____
_____
_____

Sede de Barcelona: _____
_____
_____

Sede de Sevilla: _____
_____
_____

Sede de Vizcaya: _____
_____
_____

El siguiente paso consiste en conocer el área de las guías prácticas que este Instituto edita. Vamos a hacer clic en Documentación (lo encontraréis debajo del enlace anterior). Una vez que se nos ha cargado la página, haremos de nuevo clic en Fichas y Notas Prácticas. Esta sección es muy interesante porque nos va a permitir conocer con precisión las siguientes áreas:

- Actividades y Sectores.
- Equipos de protección individual.
- Ergonomía y Psicosociología.
- Formación.

- Gestión de la prevención.
- Higiene.
- Medicina y Epidemiología.
- Seguridad.

Como podéis ver, en cada una de estas áreas, se ofrece una serie de documentos en los que se explica de una manera detallada aspectos específicos y esenciales a tener en cuenta en una determinada sección. Cada uno de los estudiantes de la clase elegirá un área y dentro de ese área, elegirá un documento. Por ejemplo, Ergonomía y Psicosociología, dentro de ese apartado podemos elegir Manipulación manual de cargas.

Os damos a continuación una ficha para que la rellenéis con la información que obtengáis. Luego debéis compartir lo que habéis aprendido de vuestra sección con un compañero de clase que a su vez os informará sobre la suya.

NOMBRE DEL ÁREA	
1. DEFINICIÓN:	
2. MEDIDAS PREVENTIVAS:	
3. FACTORES DE RIESGO:	
4. LEGISLACIÓN:	
5. OTROS DATOS DE INTERÉS:	

Para terminar, vamos a tener que salir a la calle. Primero, vamos a hacer clic en el apartado Gestión de la Prevención y dentro de este apartado nos iremos al enlace ¿Cómo aplica su empresa la Ley de Prevención de Riesgos Laborales? En este enlace encontraréis una encuesta en la que hay una serie de preguntas para que un empresario responda. En grupos elegiremos una empresa de la ciudad en la que estéis y pasaréis este cuestionario a un/a empresario/a. Cuando tengáis, deberéis contrastar las respuestas que habéis recibido con las de los demás compañeros. Al final, tendréis una idea de cómo se lleva a cabo la Ley de Prevención de Riesgos Laborales en esa ciudad. ¡Ánimo!

Intenta buscar en tu país una institución que realice las mismas funciones que el Instituto Nacional para la Seguridad e Higiene en el Trabajo. Analiza sus funciones y objetivos y cuéntaselo al resto de la clase.

Ejercicio 2

En cada cultura los parámetros utilizados para medir la calidad laboral pueden variar dependiendo de lo que en cada país se entienda por calidad laboral. Estas diferencias en el punto de vista pueden provocar choques culturales cuando el concepto de calidad en el trabajo difiere.

Te damos a continuación una lista de parámetros que se utilizan en varias culturas corporativas para medir este concepto. Marca aquellas que creas que en tu país se considerarían válidas en relación a la calidad en el trabajo. Luego compara las tuyas con las de algunos de tus compañeros; aquellas en las que no coincidáis serán áreas de posibles choques culturales. Cuando tengáis la lista de los parámetros que no coinciden intentad crear un caso práctico en el que se pongan de manifiesto esas áreas y se lo explicáis al resto de la clase.

Compaginar el horario de la empresa con los horarios de los centros educativos de los hijos.	
Servicios propios o subvenciones para guarderías y cuidado de niños y ancianos.	
Horarios laborales flexibles.	
Permiso de tres meses por maternidad para la madre.	
Quince días de vacaciones anuales.	
Igualdad de género.	
Posibilidad de promoción.	
Plan de pensiones.	
Salario adecuado al puesto.	
Plan de emergencia.	
Jornada laboral adecuada.	
Jerarquía horizontal.	
Compromiso medioambiental.	
Acceso y permanencia en el puesto.	
Representación sindical.	
Seguridad en el trabajo.	
Adecuación del puesto de trabajo y las características del trabajador.	
Sin discriminación laboral.	
Buenas relaciones interpersonales.	

Áreas en las que no coincidís:

Ahora teniendo en cuenta las áreas en las que no coincidís, intentad crear un caso práctico de choques culturales y las posibles soluciones que creéis que serían viables.

CASO PRÁCTICO

SOLUCIONES

1. ....
....
....

2. ....
....
....

3. ....
....
....

4. ....
....
....

5. ....
....
....

TAREA:
- Realizar todo el procedimiento de aclaración de un accidente laboral tanto desde el punto de vista del empresario como del representante sindical.

ROLES:
Empresario / Representante sindical.

OBJETIVOS:

Empresario: demostrar que a la hora del accidente tu empresa cumplía con todos los requisitos legislativos impuestos en la Ley de Prevención de Riesgos Laborales.

Representante sindical: investigar las causas del accidente y asegurarse de que la empresa cumplía con todos los requisitos legislativos impuestos en la Ley de Prevención de Riesgos Laborales.

PREPARACIÓN:
- ¿Qué se debe hacer en caso de accidente laboral?
- Analizar en conjunto qué es un Parte de Accidente de Trabajo, cómo se rellena, datos que debe incluir.
- Las razones del accidente: el árbol de causas y la reconstrucción de los hechos.
- La investigación sindical: decidir las áreas que creemos que debe cubrir la investigación de un accidente laboral por parte de los sindicatos.
- Vamos a pensar en algunos puestos de trabajo, las enfermedades profesionales o laborales relacionadas con ellos, los equipos de trabajo y las herramientas.
- ¿Cómo establecer los riesgos laborales en una empresa por medio de estructuras condicionales?
- Establecer qué parámetros existen para medir la calidad de empleo.
- La Seguridad Social y su estructura.
- Las bases de la Ley de Prevención de Riesgos Laborales.
- El Instituto Nacional para la Seguridad e Higiene en el Trabajo y su relación con la calidad de empleo.

ALUMNO A:

Somos los directivos de una empresa de Hostelería y Restauración. Ayer hubo un accidente laboral en nuestra empresa y la situación era la siguiente:

En la temporada alta de verano la demanda de la clientela aumenta de forma considerable y para satisfacer sus exigencias el personal laboral debe realizar una jornada de catorce horas diarias. En la cocina, el aire acondicionado estaba estropeado y tanto los fogones como los hornos funcionaban permanentemente.

Las instalaciones no han sido renovadas. Los hornos y lavavajillas se encuentran situados a poca distancia del suelo. El transporte de las mercancías se realiza manualmente debido a que la puerta de entrada a la cocina es muy estrecha. Las máquinas de cortar no tienen las zonas de corte protegidas, tal como impone la legislación de la UE. La limpieza no se efectúa con la frecuencia que se debería y el calzado que llevan los trabajadores no es antideslizante. No había extintor de incendios.

Hay productos inflamables cerca de los fogones. Los productos de limpieza tienen un alto contenido de toxicidad.

Una de las trabajadoras se deslizó con tan mala suerte que fue a parar a la zona de los fogones y derribó una sartén llena de aceite hirviendo cuyo contenido le salpicó por varias zonas del cuerpo causándole quemaduras de segundo grado.

1. Objetivos:
- Analizar el caso y sus causas.
- Cumplimentar un Parte Oficial de Accidente Laboral.
- Demostrar nuestra no culpabilidad.

2. Lo que debemos hacer:
- Tramitar la documentación necesaria en caso de accidente laboral y demostrar que las condiciones laborales cumplían los principios de la Ley de Prevención de Riesgos Laborales.
- Elaborar los factores de riesgo del puesto de trabajo. Demostrar que has cumplido con las funciones y responsabilidades preventivas en tu empresa.
- Demostrar que has tomado las medidas preventivas concernientes a la seguridad en máquinas.
- Identificar los posibles peligros.
- Identificar sucesos que puedan dar lugar a que se produzca una lesión o un daño para la salud.
- Analizar qué parámetros para medir la calidad de empleo podemos aplicar a nuestra empresa.
- Analizar cómo debemos actuar ante la Seguridad Social en este caso de accidente laboral.

Una vez que hemos analizado en conjunto el caso, debemos buscar a un compañero de clase que represente a los sindicatos (Alumno B) y responderemos a las preguntas de una encuesta o entrevista que nos van a realizar. Finalmente, se juntará de nuevo el grupo de los empresarios (Alumno A) y determinará, según las respuestas que hemos dado, nuestra culpabilidad o no y, en caso afirmativo, delimitará en qué área hemos infringido la ley.

ALUMNO B:
Somos representantes sindicales y debemos analizar las causas que llevaron a un accidente laboral ocurrido en una empresa de Hostelería y Restauración.

La situación en dicha empresa era la siguiente:

En la temporada alta de verano, la demanda de la clientela aumenta de forma considerable y para satisfacer sus exigencias el personal laboral debe realizar una jornada de catorce horas diarias. En la cocina el aire acondicionado estaba estropeado y tanto los fogones como los hornos funcionaban permanentemente.

Las instalaciones no han sido renovadas. Los hornos y lavavajillas se encuentran situados a poca distancia del suelo. El transporte de las mercancías se realiza manualmente debido a que la puerta de entrada a la cocina es muy estrecha. Las máquinas de cortar no tienen las zonas de corte protegidas, tal como impone la legislación de la UE. La limpieza no se efectúa con la frecuencia que se debería y el calzado que llevan los trabajadores no es antideslizante. No había extintor de incendios.

Hay productos inflamables cerca de los fogones. Los productos de limpieza tienen un alto contenido de toxicidad. Una de las trabajadoras se deslizó con tan mala suerte que fue a parar a la zona de los fogones y derribó una sartén llena de aceite hirviendo cuyo contenido le salpicó por varias zonas del cuerpo causándole quemaduras de segundo grado.

1. Objetivos:

- Realizar un cuestionario para una investigación sindical.
- Hacer el árbol de causas.
- Analizar las medidas preventivas de accidente laboral que el empresario no ha tenido en cuenta.

2. Lo que debemos hacer:

- Elaborar el árbol de causas del accidente laboral.
- Cerciorarte de que la información sobre prevención se había realizado.
- Pasar el cuestionario de la sección 5.1. (¿Cómo aplica su empresa la Ley de Prevención de Riesgos Laborales?).
- Completar un cuestionario de Investigación Sindical del Accidente de Trabajo.
- Asegurarte de que los trabajadores habían sido informados de las medidas preventivas por parte del empresario.
- Conocer y analizar los daños producidos en la salud y en la integridad física de los trabajadores, con la intención de valorar sus causas y proponer las medidas preventivas adecuadas.
- Informarte de lo establecido por el Instituto Nacional para la Seguridad e Higiene en el Trabajo en lo concerniente a accidentes laborales y su prevención.
- Redactar un informe final en el que se analice el accidente con sus causas y consecuencias.

Una vez que hemos analizado en conjunto el caso, vamos a buscar un compañero de clase que represente a los empresarios (Alumno A) y le haremos una encuesta o entrevista en la que deberá responder a nuestras preguntas. Finalmente, nos juntamos el grupo de los representantes sindicales (Alumno B) y determinará, según las respuestas que hemos obtenido por parte de los empresarios, su culpabilidad o no y, en caso afirmativo, delimitará dónde han infringido la ley.

Autoevaluación

Sección 1	Sí	No	Un poco	Preguntas/Dudas
Eres capaz de cumplimentar un parte oficial de accidente laboral.				
Eres capaz de investigar un caso de accidente laboral por medio de un árbol de causas.				

Sección 2	Sí	No	Un poco	Preguntas/Dudas
Eres capaz de identificar elementos de equipos de trabajo y sus herramientas.				
Eres capaz de identificar las enfermedades que conllevan la práctica de algunos trabajos.				

Sección 3	Sí	No	Un poco	Preguntas/Dudas
Eres capaz de establecer parámetros para medir la calidad del empleo.				

Sección 4	Sí	No	Un poco	Preguntas/Dudas
Eres capaz de explicar el funcionamiento y la estructura de la Seguridad Social.				

Sección 5	Sí	No	Un poco	Preguntas/Dudas
Eres capaz de establecer las funciones del Instituto Nacional para la Seguridad e Higiene en el Trabajo y sus objetivos y contrastarlo con tu país.				

Actividad final

Instrucciones:

El profesor o algún estudiante propone una consonante o vocal del alfabeto. Una vez que tenemos la consonante o vocal deberemos escribir palabras que empiecen por ella en la columna vertical. Si dos personas coinciden en la misma palabra tendrán 5 puntos y si no hay coincidencias 10 puntos. Gana quien más puntos consiga.

					Puntuación
La empresa					
Comercio interior y exterior					
La banca					
Verbos para negociar					
Siglas o acrónimos					
Material laboral					
Equipamiento laboral					
Materias primas					
Bienes de consumo					
Documentos comerciales					
Mundo laboral					

Anotaciones

• Escribe en este espacio todo aquello que quieras recordar.